VERSUCHT, ABER HEILIG!

Biblische Einsichten
über den Umgang mit
gleichgeschlechtlicher Zuneigung
und Versuchung generell

Tobias Knoblauch, M.A.

Dieses Buch einschließlich aller seiner Teile ist urheberrechtlich geschützt. Jede Verwendung außerhalb der engen Grenzen des Urheberrechtsgesetzes ist ohne vorherige schriftliche Einwilligung des Verfassers unzulässig und strafbar. Das gilt insbesondere für Vervielfältigungen, Übersetzungen und die Einspeicherung und Verarbeitung in elektronischen Systemen.

Titel der Originalausgabe: Tempted, But Holy! Biblical Insights From My Life With Same-Sex Attraction. Toby Knoblauch. Copyright © 2015 by Tobias Knobauch

Übersetzt mit Hilfe von Rolf Behrens

Copyright der deutschen Ausgabe © 2016 Tobias Knoblauch

E-Mail: temptedbutholy@gmail.com

Alle Bibelzitate, es sei denn anderweitig vermerkt, sind aus der Elberfelder Bibel revidierte Fassung (Rev. 26) © 1985/1991/2008 SCM R.Brockhaus im SCM-Verlag GmbH & Co. KG, Witten.

INHALT

INHALT	3
Prolog	7
Danksagung	9
Einleitung	11
TEIL 1: Meine Geschichte	
1 Kindheit	19
2 Bundeswehr und Studienzeit	26
3 Suche nach Gott	32
4 Das Evangelium	38
5 Vollzeitlicher Dienst	42
6 Exil im gelobten Land	49
7 Gefundene Leidenschaft	52
8 Der perfekte Sturm	62
Zwischenteil: Gelernte Lektionen	65

TEIL 2: Theologische und praktische Anmerkungen

1	Begriffsdefinition	71
2	Homosexualität in der Bibel	74
3	Nutzen und Grenzen von Seelsorge	79
4	Versuchung – Ein normaler Teil des christlichen Lebens	86
5	Gleichgeschlechtliche Zuneigung: Paulus' Dorn im Fleisch?	111
6	Unsere alte Natur und der Geist	115
7	Krieg gegen das Vaterherz Gottes	127
8	Von ungezähmten Pferden, Süchten und Sehnsüchten	136
9	Gottgewollte Schwäche	144
10	Gleichgeschlechtliche Zuneigung zum Guten verwenden	148
11	Biblische Beispiele enger Beziehungen zwischen Männern	155
12	Singledasein und Ehe	161
13	Ein sicheres Umfeld	165

| 14 | Ermutigende Worte zum Schluss | **171** |

ANHANG

1	Studienanleitung	**179**
2	Gebete und Deklarationen	**191**
3	Quellen zum weiteren Studium	**195**

Prolog

"Du brauchst nur Heilung!" "Lass dich befreien (von einem Dämon)!" "Geh in die Seelsorge!" "Bete!" "Tue Buße!" "Faste!" "Schließ dich einer Selbsthilfegruppe an!"

Wenn du ein Christ bist, der mit gleichgeschlechtlicher Zuneigung kämpft und du versucht hast, mit Pastoren, Eltern oder Freunden in der Gemeinde darüber zu sprechen, hast du wahrscheinlich ähnlichen Rat bekommen.

Zweifellos ist jeder dieser Ratschläge gut gemeint, aber es scheint doch so, als ob die um Hilfe gefragten Personen den Kern unseres Problems nicht wirklich verstehen. Ich habe alle diese Ratschläge befolgt, aber die Zuneigung ist geblieben. "Meine Gnade genügt dir," wurde dem Apostel Paulus gesagt als er Gott darum bat, ein Problem wegzunehmen, mit dem er zu kämpfen hatte, "denn meine Kraft kommt in Schwachheit zur Vollendung" (2. Korinther 12:9).

Könnte es sein, dass dies auf gleichgeschlechtliche Zuneigung zutrifft? Kann Gott *die* zum Guten verwenden? Meine Antwort darauf ist ein klares "Ja!" Es mag nicht immer einfach sein, aber es ist möglich. Ich weiß es, denn ich habe seine Kraft in meiner Schwäche erlebt!

Danksagung

Ich möchte allen danken, die mir durch ihr Beispiel gezeigt haben, dass es möglich ist, Gott trotz innerer Kämpfe zu dienen. Danke an Leiter und Pastoren, die nie aufgehört haben, an mich zu glauben, und nie müde wurden, mir immer noch eine weitere Chance zu geben. Ich möchte vor allem YWAM Los Angeles dafür danken, mich in meinen dunkelsten Stunden unterstützt zu haben - ich bin für immer dankbar dafür, für mich dagewesen zu sein, wenn ich es am meisten brauchte. Vielen Dank auch an alle Seelsorger, die mir durch ihre Arbeit geholfen haben. Ich danke Bethel Church in Redding, Kalifornien, dass es solch´ eine ermutigende Gemeinschaft der Gläubigen ist. Vielen Dank an meine Eltern, die mich, so gut sie konnten, in der Furcht des Herrn erzogen haben. Vielen Dank an meine Frau, dafür bereit zu sein, sich auf dieses Abenteuer der Ehe einzulassen, obwohl sie sich meiner Schwäche vollkommen bewusst war. Vielen Dank an alle meine Freunde, die mich seit 22 Jahren durch gute und schlechte Zeiten finanziell unterstützt haben. Vielen Dank an alle Mitarbeiter, Studenten und Kinder, die mit all´ meinen Fehlern so gnädig umgegangen sind.

Und schließlich möchte ich denjenigen danken, die durch ihr Feedback und ihre Ermutigung geholfen haben, dass dieses Buch Realität geworden ist. Ihr alle wisst, wer ihr seid!

Einleitung

Du liebst Gott. Du möchtest ein Leben führen, das ihm gefällt. Du möchtest mit deinem Leben einen Unterschied in dieser Welt machen. Du hast einige Fähigkeiten und Talente, die ein großer Segen für viele Menschen sein könnten. Aber etwas hält dich zurück: Du fühlst dich zu deinem eigenen Geschlecht hingezogen und du denkst, das disqualifiziert dich davon, Gott in einer sinnvollen Weise zu dienen. Dieses Buch ist für dich.

Du bist jung und neugierig. Du liebst das Leben, und du hast begonnen, erste Erfahrungen mit "Liebe" zu machen. Dabei hast du festgestellt, dass du dich eher zu deinem eigenen Geschlecht als dem anderen Geschlecht hingezogen fühlst. Du hast nicht viel über Gott und die Bibel dabei nachgedacht, aber du bist wirklich daran interessiert, was sie dazu zu sagen haben. Dieses Buch ist für dich.

Du bist schon etwas erfahrener und hast bereits versucht, deine sexuelle Orientierung zu ändern, bist jedoch etwas desillusioniert über die Ansprüche von Organisationen der "Ex-Gay-Bewegung," die völlige Freiheit von homosexuellen Versuchungen versprechen. Dieses Buch ist für dich.

Du fragst dich, warum ein liebevoller, gerechter Gott nicht einfach Menschen verändert, obwohl er dies zweifellos jederzeit tun könnte, zum Beispiel bei ihrer Bekehrung, Taufe oder bei einer christlichen Konferenz. Dieses Buch ist für dich.

Und dieses Buch ist für dich, wenn du ein Pastor, Vater oder Mutter, oder ein Freund von jemandem bist, der entweder offen ein homosexuelles Leben führt oder mit gleichgeschlechtlicher Zuneigung kämpft, und du möchtest dieses Problem besser verstehen, so dass du diese Person besser begleiten kannst.

Wenn du denkst, Homosexualität sei völlig in Ordnung, wirst du hier nicht viel finden, dem du zustimmst. Aber dann wiederum, wer weiß, was Gott tun wird?

Egal, ob du in eine dieser Gruppen passt oder nicht, ich möchte dir danken, dass du in dieses Buch hinein siehst! Gleichgeschlechtliche Zuneigung ist ein zunehmend heißes Thema in fast allen Gesellschaften und sicherlich auch in der christlichen Gemeinde. Es gibt ein breites Spektrum von Ansichten über den Umgang mit Homosexualität, von "Just do it, es ist okay homosexuell zu sein", bis hin zu globalen christlichen Diensten, die völlige Freiheit von jedem Verlangen nach dem eigenen Geschlecht versprechen. Ich beschloss, dieses Buch zu schreiben, weil es einen Pfad beschreibt, dem ich nicht sehr oft begegnet bin, zumindest nicht in dieser Einfachheit und Klarheit. Dieser Pfad umarmt die Zuneigung, ohne biblische Normen zu verletzen. Er betrachtet gleichgeschlechtliche Zuneigung als eine Schwäche, die für einige Menschen eine Versuchung darstellt so wie heterosexuelle Lust eine Versuchung für andere ist.

Es hat mich den größten Teil meines Lebens gekostet, zu diesem Schluss kommen. Viele Jahre dachte ich, etwas sei falsch mit mir, und suchte nach Möglichkeiten, das Problem ein für alle Mal loszuwerden. Ich habe einige der besten Seelsorgen besucht, die die evangelikale Christenheit zu bieten hat. Ich habe gefastet, gebetet, suchte den Herrn und besuchte Selbsthilfegruppen, gestand meinen Kampf Leitern und Freunden, widerstand dem Teufel und seinen Gesandten – und dennoch blieb die Schwäche. Seit mehr als 27 Jahren bin ich ein Nachfolger von Jesus Christus. In diesen Jahren konnte ich an einigen großen Heldentaten teilnehmen, die denjenigen, die den Herrn kennen, versprochen sind (siehe Daniel 11:32), aber ich habe auch dunkle Zeiten, Rückfall und Niederlage erlebt. Im Nachhinein sehe ich, dass mein Leben abhängig davon bergauf oder bergab verlief, je nachdem, wie ich in den verschiedenen Phasen meines Lebens mit meiner Schwäche umgegangen bin. Manchmal stolpere ich noch, aber ich habe Erkenntnisse gewonnen, die es mir erleichtern, wenn ich die Anziehungskraft der dunklen Seite der Macht spüre.

Vor kurzem habe ich eine wunderbare thailändische Frau geheiratet. Aber eine Ehe ist nicht das Ziel für alle, die mit gleichgeschlechtlicher Zuneigung kämpfen und markiert mit Sicherheit nicht das Happy End aller Kämpfe. Vielmehr ist die Ehe ein Schritt des Glaubens für meine Frau und mich, da wir beide wissen, dass sie nur dann funktionieren kann, wenn der Herr der Mittelpunkt ist. Da er versprochen hat, seine Stärke in unserer Schwäche zu offenbaren, warten wir freudig darauf, dass gute Dinge in und durch unser Leben geschehen werden.

Gestatte mir, dich im ersten Teil dieses Buches auf eine Reise durch mein Leben zu nehmen. Ich hatte in Erwägung gezogen, dem Leser die

Details zu ersparen, aber habe mich um der Authentizität Willen dazu entschieden, sie nicht unter den Tisch fallen zu lassen - das auch, weil sie ein Beispiel dafür sind, wie sich gleichgeschlechtliche Zuneigung in einem Leben sehr praktisch auswirken kann - statt nur Allgemeines zu schreiben. Natürlich ist jedermanns Geschichte anders, aber vielleicht bist du ermutigt, wenn du Ähnlichkeiten findest oder zumindest etwas aus meinen Fehlern lernen kannst.

In Teil 2 dieses Buches behandele ich die allgemeineren Fragen. Während ich mich dabei auf gleichgeschlechtliche Zuneigung konzentriere, bin ich davon überzeugt, dass viele der dargestellten Probleme für alle Christen relevant sind und die Prinzipien bezüglich Versuchung auf jedem Gebiet angewendet werden können, nicht nur auf Schwächen im sexuellen Bereich, sondern auf jede Schwäche und jede Versuchung, mit der wir in unserem Leben konfrontiert werden können.

Um die in diesem Buch präsentierten Gedanken für einen weiteren Leserkreis zugänglich zu machen, und um eine praktische Anwendung im eigenen Leben zu erleichtern, habe ich eine Studienanleitung im Anhang hinzugefügt. Je nach persönlicher Vorliebe können die dort gestellten Fragen einzeln oder in einer kleinen Gruppe bearbeitet werden, entweder nach jedem Kapitel oder nach Lektüre des gesamten Buches.

Dieses Buch soll sowohl männliche als auch weibliche gleichgeschlechtliche Zuneigung ansprechen - aber aus Gründen der besseren Lesbarkeit habe ich zumeist vermieden, beide Personalpronomen (er/sie, ihm/ihr) zu erwähnen, und beziehe mich die meiste Zeit nur auf "Jungs" statt auf "Jungen und/oder Mädchen." Da ich aus einer männlichen Perspektive schreibe und nicht viel Forschung über weibliche gleichgeschlechtliche Zuneigung betrieben habe, bitte ich meine weiblichen Leser, mir zu verzeihen, wenn ich Aussagen mache, die exklusiv scheinen oder in ihrer Situation einfach nicht gelten.

Es ist meine große Hoffnung und mein Gebet, dass der Herr dieses Buch zu einem wahren Segen für sein Volk auf der ganzen Welt werden lässt.

Tobias Knoblauch

Chiang Rai, Thailand, April 2016

TEIL 1: Meine Geschichte

1 Kindheit

"Komm, Tobi, guck doch mal!" "Nein Danke," sagte ich. Und das meinte ich auch so. Ich hatte wirklich kein Interesse. Einige meiner Klassenkameraden hatten nach dem Sportunterricht in der 2. Klasse mal wieder einen Blick in die Umkleidekabine der Mädchen geworfen, was nur geringe Kletterkünste erforderte, da die beiden Räume nur durch eine Wand mit etwas höher gelegenen kleinen Fenstern getrennt waren. Als einige der Jungs anfingen, sich damit zu brüsten, Mädchen geküsst zu haben, war ich sehr froh, dass ich danach überhaupt kein Verlangen hatte. Wann immer es möglich war, versuchte ich, Mädchen aus dem Weg zu gehen. Wenn es sich mal ergab, dass wir gemeinsam zur Schule gefahren wurden und wir dann ein paar hundert Meter vor unserer Schule abgesetzt worden, fühlte ich mich unwohl neben einem Mädchen aus unserer Nachbarschaft zu gehen. Einige Leute munkelten, dass wir ein Paar wären und da wollte ich allen Gerüchten entgegenwirken. Also ging ich ein paar Meter vor ihr. Weil ich mit acht Jahren schon recht groß war, dachte sie wohl, dass ich halt schneller ginge als sie. Zumindest hat sie mich nie gefragt warum ich nicht neben ihr gehen wollte. War ich seltsam? Waren alle anderen nomal, während mit mir etwas nicht stimmte?

Natürlich denkt man als kleiner Junge nicht über solche Dinge nach – ich jedenfalls nicht. Es fühlte sich aber auf jeden Fall so an, als wenn ich nicht dazu gehören würde. Irgendwie schien ich anders zu sein. Ich war einfach an Mädchen nicht so interessiert wie andere Jungs zu sein schienen.

Ich hatte einige Hobbys und es machte mir durchaus Spaß, alleine Zeit zu verbringen. So spielte ich zum Beispiel mit meiner Modellbahn, las Bücher, fuhr mit dem Fahrrad durch ein nahegelegenes Naturschutzgebiet und beobachtete dort Vögel. Wie die meisten Kinder hatte ich auch immer einige Freunde, mit denen ich immer etwas anstellen konnte. Wir spielten Fußball oder, wenn es mal regnete, erfanden wir allerlei Spiele, die man auch drinnen spielen konnte. Alles schien normal zu sein, aber wenn es um Mädchen ging, fing ich irgendwann an, zu denken und zu fühlen, dass ich anders sei. Ich kann mich erinnern, wie ich als Fünftklässler Angst vor einer Party im Haus eines Freundes hatte, weil es sich herumgesprochen hatte, dass wir "Flaschendrehen" spielen würden, ein Spiel, bei dem Jungs und Mädchen sich küssen müssen. Nicht zur Party zu gehen, war keine Alternative und den Mut, einfach zu sagen, dass ich dieses Spiel nicht mitspielen wollte, hatte ich auch nicht. Es kam so, wie es kommen musste: Letztendlich zeigte der Flaschenhals auch auf mich und dann auf eine Klassenkameradin. Wir taten unser Bestes, aber ich denke wir gingen beide etwas verwundert von diesem Erlebnis weg, uns fragend, was denn nun am Küssen so toll sein sollte. Bei der nächsten Gelegenheit brachte ich etwas mehr Mut auf. Während einer mehrtägigen Klassenfahrt wurde ich eines Nachmittags von einem Mädchen aufgefordert, mit ihr und einigen anderen Paaren in den Wald zu gehen, um dort gemeinsam ein paar romantische Momente zu verbringen. Ich ging zwar mit, beteiligte mich aber, sehr zum Unmut des Mädchens, dass mich scheinbar so toll fand, nicht an den Aktivitäten. Prompt wurde ich von ihr und anderen verspottet, was mir aber recht gleichgültig war. So stolz ich auch darauf war, diesem Druck standgehalten zu haben, fragte ich mich trotzdem immer mehr, ob ich ein normaler Junge war. Dieses Gefühl wurde dadurch bestärkt, dass ich etwa zur selben Zeit begann festzustellen, wie gut aussehend einige Jungs um mich herum waren. Im Vergleich zu ihnen konnte ich da nicht mithalten. Ich hatte viele Leberflecken auf dem Rücken und im Gesicht und war deswegen sehr verunsichert. Ich traute mich nie, mein Hemd auszuziehen und fürchtete mich vor den Momenten, wenn dieses unvermeidbar war. So hatte ich zunehmend Angst vor dem Umziehen in den gemeinsamen Umkleideräumen vor dem Sportunterricht in der Schule und vor dem Schwimmunterricht im Schwimmbad. Oh, wie sehr wünschte ich mir, einen perfekten Körper zu haben, ohne Leberflecken! Ich dachte, es wäre meine Schuld, dass ich sie hätte. Es dauerte sehr lange, bis mir der Gedanke kam, einmal mit jemandem darüber zu sprechen, ob man sie vielleicht operativ entfernen konnte. Weil meine Hormone in mir herum tobten und ich immer öfter neidisch auf den Körper anderer Jungs schaute, wuchs in mir die Überzeugung, dass ich schwul sei. Und das, so wusste ich, war falsch.

Ich wusste das nicht aus der Schrift, aber ich spürte es tief im Inneren. Gemeinsam mit meinen beiden älteren Schwestern und meinem älteren Bruder war ich zwar katholisch erzogen worden. Aber soweit ich mich erinnern kann, redeten wir in unserer Familie nie über Homosexualität, und auch in den sonntäglichen Gottesdiensten oder sonstigen Aktivitäten der

Römisch-Katholischen Kirche, an denen ich teilnahm, wurde nie darüber gesprochen. Natürlich wurden in der Schule manchmal Witze über Mitschüler gemacht, die angeblich schwul seien, aber niemand schien jemals auf den Gedanken zu kommen, dass ich einer von denen am anderen Ufer sei. Ich war zwar etwas stiller, aber für die meisten war das einzig komische an mir, dass ich katholisch war, und nicht, wie die überwältigende Mehrheit in diesem Teil Deutschlands, evangelisch. Wann immer sarkastische Kommentare über schwule Leute gemacht wurden, zitterte ich innerlich bei dem Gedanken daran, was meine Klassenkameraden wohl dächten, wenn sie von meinen zunehmenden inneren Kämpfen erfahren würden. Ich behielt mein Geheimnis für mich, und dachte als Teenager daran, mich umzubringen. Aber Gott sei Dank, in der Nacht, als ich entschlossen war, mich an dem Ort, wo ein Nachbar bei einem Unfall ums Leben gekommen war, vor eine Straßenbahn zu werfen - kam keine.

Das Leben wurde etwas einfacher, nachdem die meisten meiner Leberflecken operativ entfernt worden waren. Nachdem ich auf eigene Faust herausgefunden hatte, dass ein Hautarzt in einer örtlichen Praxis diese Prozedur durchführen könnte und die Krankenkasse diese sogar bezahlen würde, hatte ich mehrere Monate gelitten. Denn natürlich brauchte ich die Zustimmung meiner Eltern für diese Operation, und es dauerte sehr lange, bis ich endlich den richtigen Augenblick fand, meine Mutter darum zu bitten, einen Krankenschein für mich zu unterschreiben. Nachdem ich diese Hürde überwunden hatte, war ich überrascht, wie einfach der Prozess war und ich wünschte, dass ich es schon viele Jahre vorher getan hätte. Nun hatte ich nicht mehr ganz so große Minderwertigkeitskomplexe wegen meines Äußeren, aber dennoch verglich ich mich weiterhin mit einigen anderen Jungs und vergötterte sie mehr oder weniger.

Irgendwie überlebte ich die Pubertät und überstand auch die Zeit am Gymnasium, wenngleich ich während der letzten beiden Jahre fast nie morgens das Haus verließ, ohne mir etwas Mut anzutrinken. Sowohl auf Schulpartys als auch bei vielen Aktivitäten der Jugendgruppe der Kirche betrank ich mich ebenso wie viele andere meiner Freunde sehr oft. Kein Erwachsener um uns herum schien besorgt genug, ein ermahnendes Wort in unser Leben hineinzusprechen. Ich bin mir zwar ziemlich sicher, dass einige Lehrer und auch manche

Eltern sich Sorgen um uns machten, aber es gab auch einige Erwachsene, die sich sogar mit uns gemeinsam betranken, darunter sogar der Kaplan unserer Kirchengemeinde!

Es gelang mir sehr gut, meine inneren Kämpfe hinter dem Trinken zu verbergen. Nach ein paar Flaschen Bier vergaß ich alle meine Unsicherheiten und wurde zum Spaßvogel der Party, und als wenn ich beweisen wollte "normal" zu sein, küsste ich manchmal Mädchen wie wild vor den Augen meiner Freunde.

2 Bundeswehr und Studienzeit

Nach dem Abitur, im Alter von 19 Jahren, musste ich für die damals obligatorischen 15 Monate zur Bundeswehr. Ursprünglich sollte ich nach Dedelstorf, ein kleines Dorf etwa 60 km nördlich meiner Heimatstadt Braunschweig, eingezogen werden. Der Vater einer Freundin arbeitete jedoch in der für Einberufungen zuständigen Stelle, und konnte auf meine Bitte hin dafür sorgen, dass ich meine Wehrpflicht stattdessen in einer Kaserne, die nur wenige Kilometer von unserem Haus entfernt war, absolvieren konnte. Gemeinsam mit allen anderen Rekruten ging ich also am ersten Tag mit gemischten Gefühlen, teils neugierig, teils ängstlich zu der zugeteilten Einheit. Während wir darauf warteten, dass unsere Namen aufgerufen wurden, um unsere Uniformen abzuholen, fiel mir ein junger Mann auf, der ein oder zwei Reihen hinter mir saß, und ich dachte, dass es nett wäre, ihn kennenzulernen. Ich war jedoch zu schüchtern um auf ihn zuzugehen oder auf andere Art und Weise mit ihm Kontakt aufzunehmen. Da wir in alphabetischer Folge entsprechend unserer Nachnamen aufgerufen wurden, wurde er vor mir aufgerufen. Als ich etwa eine halbe Stunde später in mein neues Zimmer ging, begrüßte er mich mit einem breiten Grinsen und stellte sich vor. Wir fanden schnell heraus, dass er eigentlich auch nach Dedelstorf einberufen worden war, aber seine Anfrage, an eine Kaserne näher an Braunschweig versetzt zu werden, wurde genehmigt, weil er dort in einem relativ hochklassigen Volleyballteam spielte. So wussten wir, dass wir uns treffen *sollten*, als wenn es unser Schicksal war. Wir verstanden uns sofort prima und genossen unsere Gemeinschaft von morgens bis abends und wurden schnell sehr gute Freunde. Nach einigen Tagen meldete er sich jedoch für den Dienst in einer Spezialeinheit und wurde deswegen auf ein anderes Zimmer verlegt. Ich war enttäuscht, fühlte mich verlassen, einsam und dachte irgendwie, dass er sich für diese neue Einheit gemeldet hatte, weil ich seiner Freundschaft nicht wert war, ich also nicht gut genug war, um sein Freund zu sein. Ich wusste nicht, was ich mit meinen Gefühlen tun sollte, und fühlte mich unfähig, diese Freundschaft weiter zu verfolgen, obwohl sein Zimmer weiterhin auf demselben Flur war und wir uns jeden Tag sahen. Stattdessen fing ich an, über ihn zu fantasieren.

Ich dachte, dass ich mit niemandem darüber reden konnte, dass ich mich zu diesem Jungen hingezogen fühlte und dass ich ihn vermisste. Ich wurde mehr und mehr deprimiert und sogar lebensmüde, aber es gelang mir recht gut, mein inneres Chaos durch Alkoholkonsum zu verbergen. Wenn mich jemand fragte, warum ich so viel trank, verwies ich auf familiäre Probleme, die gerade zur Trennung meiner Eltern geführt hatten. So sehr diese Situation auch tatsächlich auf mir lastete, in Wahrheit war sie doch mehr eine willkommene Ausrede als der tatsächliche Grund für meine Verzweiflung.

Einige Monate vergingen, in denen ich jeden Tag sowohl hoffte als auch befürchtete, ihn zu sehen. Unsere Treffen wurden seltener und mit jedem Mal peinlicher, denn ihm schien es richtig gut zu gehen, alles schien für ihn unkompliziert zu sein, während ich beinahe wie gelähmt war, wenn wir mal ein paar Worte miteinander wechselten. Ich sehnte mich nach dem Ende der Bundeswehrzeit und hoffte, dass ich bei einem Neustart an der Universität auch neue Freiheit finden würde – weg von *ihm*, obwohl ich wusste, dass er einen anderen Studiengang an derselben Uni studieren würde. Nach Studienbeginn sahen wir uns jedoch relativ oft bei Partys, in der Mensa oder bei Volleyballveranstaltungen. Ich wollte ihn eigentlich wissen lassen, wie sehr ich ihn mochte, aber ich befürchtete seine Reaktion und auch die Reaktion von Leuten um mich herum. Ich erwartete, dass sie mich auslachen würden, wenn sie herausfinden würden, was ich fühlte. So konnte ich nicht länger leben und dachte deshalb wieder an Selbstmord. Als einen letzten Versuch sagte ich mir, dass ich mich ja "outen" könnte, um zu sehen, wie Leute reagierten. Falls sie meinen Erwartungen entsprechend reagierten, konnte ich mich dann ja immer noch umbringen. Ich setzte mich also hin und schrieb einen Brief an meinen Freund, in dem ich ihm sagte, wie sehr ich es vermisste, Zeit mit ihm zu verbringen und dass ich ihn mochte – etwas was ich bis dahin noch zu niemandem gesagt hatte, nicht einmal zu meinen Eltern!

Nachdem ich den Brief abgeschickt hatte, zog ich mich für einige Tage soweit wie möglich von allen Leuten zurück. Da es zu dieser Zeit weder Handys noch Facebook gab, war es relativ einfach, für einige Tage unterzutauchen, ohne größeren Verdacht zu erwecken. Ich vermied es erfolgreich, meinem speziellen Freund aus Versehen an der Uni oder sonstwo über den Weg zu laufen. Nach einigen angespannten Tagen hielt ich es nicht mehr aus und fuhr in eine Disco, in der ich ihn sehr wahrscheinlich antreffen würde. Und tatsächlich, er war dort und ich war total überrascht, wie sehr er sich freute, mich zu sehen. Er bedankte sich für den Brief und behandelte mich wie jeden anderen seiner Freunde, ganz so wie in den guten alten Tagen als wir uns zuerst kennengelernt hatten.

Innerhalb weniger Tage redete ich auch mit einigen meiner engsten Freunde und sagte ihnen im Wesentlichen, dass ich schwul sei. Ich war ziemlich überrascht über die Reaktion der meisten Leute, denn wenngleich sie nicht überschwänglich begeistert waren, so spürte ich doch eine aufrichtige Akzeptanz. Was für eine angenehme Überraschung: Ich *war* beliebt – nicht nur meine "akzeptablen" Seiten (wie etwa mein Gitarre spielen, meine Tätigkeit als Leiter in der Jugendarbeit oder das Organisieren von Spendensammelaktionen für Projekte in der Dritten Welt), sondern mit allen meinen Gefühlen und für nicht vorzeigbar gehaltenen Teilen! Es bestand also kein Grund, Selbstmord zu begehen!

Dieses "Coming Out" brachte mir für eine kurze Zeit eine große Freiheit, aber ich wusste schon nach wenigen Tagen, dass ein homosexueller Lebensstil gar nicht das war, was ich eigentlich wollte, und ich wusste ebenso, dass es ein Lebensstil war, der mich nicht erfüllen würde. Alles, wonach ich mich gesehnt hatte, war echte Freundschaft und die Intimität, die damit einhergeht. Nicht Sex. Diese Einsicht brachte mir noch größere Freiheit! Nun fühlte ich mich zum ersten Mal richtig lebendig, und in dieser neugefundenen Lebensfreude stürzte ich mich Hals über Kopf in eine Beziehung mit einer ehemaligen Klassenkameradin, die schon zu Schulzeiten eine enge Freundin gewesen war. Es fühlte sich toll an, als "normal" angesehen zu werden, aber nachdem die erste Nacht zusammen mit ihr nicht die von mir gehegten Erwartungen erfüllte, brach ich diese Beziehung genauso abrupt ab, wie ich sie begonnen hatte, und beschloss, Single zu bleiben.

Die darauf folgenden Jahre an der Uni waren gefüllt mit Studium, vielen Freunden, verschiedenen Jobs, viel Sport und Partys. Es fiel mir nicht schwer, in dieser Zeit enthaltsam zu leben. Das Leben war schön, aber ich ahnte gar nicht, dass mein Leben schon bald eine ganz neue Dimension annehmen würde...

3 Suche nach Gott

Ich ging zu dieser Zeit regelmäßig in das "Jolly Joker", einer großen Disco in der Stadt. An manchen Abenden waren dort nur ein paar hundert Leute. Aber wenn es voll war, waren dort weit mehr als 1000 Leute. Ich war dort seit vielen Jahren hingegangen und hatte auch einige Leute kennengelernt. Meistens verbrachte ich meine Zeit dort jedoch nur mit den Leuten, die ich eh schon kannte. An einem Abend jedoch hatte Gott etwas für mich vorbereitet, was ich später als ein göttliches Treffen bezeichnen sollte.

Ich stand oben auf der zweiten Etage und schaute herunter auf die vielen Leute unter mir auf der Tanzfläche als ich plötzlich wie vom Blitz getroffen wurde als ich einen Jungen auf der Tanzfläche sah. Ich konnte mir nicht erklären, warum ich eine solche starke Reaktion hatte. Ich hatte den Jungen noch nie vorher gesehen aber ich war neugierig, herauszufinden, wer er war. So ging ich also nach unten und lehnte mich gegen eine kleine Trennwand, die den Gastronomiebereich von der Tanzfläche trennte, und versuchte, den Jungen auf der Tanzfläche ausfindig zu machen. Weil es an diesem Abend sehr voll war, dauerte es einige Zeit bis ich alle Leute gecheckt hatte, aber ich konnte ihn nicht mehr finden. Ein wenig enttäuscht ließ ich meinen Blick sinken, aber statt auf den Boden, blickte ich auf einen Sitzplatz an der kleinen Trennwand vor mir, an die ich mich gelehnt hatte - und rate mal wer da saß, direkt vor mir, mit seinem Rücken zu mir gewandt! Er hatte nur eine kurze Tanzpause eingelegt und schaute nun den anderen Tänzern zu, genauso wie ich es tat. Das war mir nun doch etwas zu unheimlich und anstatt ihn anzusprechen, ging ich nach Hause, ziemlich verwundert darüber, was ich da erfahren hatte.

Das war an einem Samstagabend und ich wunderte mich den Rest des Wochenendes über das, was passiert war, und ärgerte mich, dass meine Angst an jenem Abend über meine Neugier gewonnen hatte. Ungefähr 250.000 Menschen wohnen in meiner Heimatstadt, so wie groß war die Wahrscheinlichkeit, ihn wiederzutreffen und eine zweite Chance zu bekommen, ihn kennenzulernen? Es war ja sogar möglich, dass er nur zu Besuch in der Stadt war und ich ihn also nie wieder treffen würde. Du kannst dir also vorstellen, wie überrascht ich war, als ich ihn am nächsten Montagmorgen bei einer Veranstaltung des Unisports wiedertraf. Es stellte sich heraus, dass er ein ungeheuer freundlicher Kerl war und ein guter Volleyball Spieler noch dazu. Er studierte Biologie, aber trotz unserer unterschiedlichen Studienpläne schafften wir es, in den folgenden Tagen doch viele Dinge miteinander zu unternehmen und wir wurden sehr schnell gute Freunde.

Nachdem wir uns etwa ein halbes Jahr kannten, teilte er mir eines Morgens mit, dass er sich am Tag vorher "für Jesus entschieden" hätte. Meine erste Reaktion war "Oh nein, der arme Junge!" Und wirklich, ich war ernstlich besorgt um ihn, denn ein paar Jahre zuvor hatte meine Mutter einen Nervenzusammenbruch gehabt und ich war davon überzeugt, dass der Grund dafür in ihrem religiösen Engagement gelegen hatte. Ich hatte mich deswegen vor einiger Zeit vollkommen von allen kirchlichen Aktivitäten zurückgezogen. Denn, wenn religiöses Engagement dazu führen konnte, dass man den Bezug zur Realität verlor, dann wollte ich damit nichts zu tun haben. Ich sagte also meinem Freund, dass ich ihn nicht stoppen könnte von dem, was er tun wollte, aber dass er mich doch bitte damit nicht belasten sollte.

Es dauerte jedoch nicht lange bis ich feststellte, das seine Art des Christseins etwas vollkommen anderes war als das, was ich bis dahin kennengelernt hatte. Er hatte so viel Freude, er erzählte mir davon, dass Gott seine Gebete beantwortete und ich sah, dass seine Beziehung mit Gott echt war. Das machte mich neugierig. Denn, wenn ich ehrlich zu mir war, musste ich eingestehen, dass ich nicht einmal wusste, ob es Gott wirklich gab. Aber ich wollte nicht nur einfach an Gott glauben, weil mir jemand über ihn erzählte, egal, ob das nun ein Freund, ein Pastor, meine Eltern oder ein Buch war. Nein, wenn es Gott wirklich gab, dann machte es nur Sinn, dass er sich mir irgendwie offenbaren könnte, so dass ich *wusste*, dass er existiert.

> WENN ES GOTT WIRKLICH GAB, DANN MACHTE ES NUR SINN, DASS ER SICH MIR IRGENDWIE OFFENBAREN KÖNNTE, SO DASS ICH WUSSTE, DASS ER EXISTIERT.

Die folgenden Monate waren gezeichnet von einem intensiven Nachdenken über mein Leben und von einer echten Offenheit für die Möglichkeit, dass es Gott wirklich gab. Wenn ich ihn finden würde, so dachte ich, würde ich sehen, wie es mein Leben verändert. Und wenn ich nichts finden würde, machte das ja auch nichts - dann würde ich mein Leben halt so weiter leben wie bisher. Ich kaufte mir heimlich eine Bibel und begann ohne System darin herumzulesen. Zu meiner Überraschung, machte das darin Gelesene eine Menge Sinn und ich kam auch nicht darum herum, festzustellen, dass es so aussah, als wenn jemand zumindest einige meiner Gebete hörte! Das wiederum ermutigte mich dazu, meine Suche nach Gott fortzusetzen.

Die Bibel sagt, dass wer auch immer Gott mit ganzem Herzen sucht, ihn auch finden wird (z.B. in Jeremia 29:13). Ich kann bezeugen, dass das wahr ist, denn etwa ein halbes Jahr nachdem ich dieser ganzen Sache mit Gott nocheinmal eine Chance gegeben hatte, offenbarte er sich mir auf einem Berg in Norwegen. Ich hörte keine Stimme und sah auch nichts, aber von einem Augenblick auf den nächsten wusste ich doch, dass es Gott gab. Die Bibel sagt, dass der Geist Gottes unserem Geist bezeugt, dass wir Kinder Gottes sind (Römer 8:16). Und ich denke das ist es, was an diesem Tag passierte: Gott offenbarte sich meinem Geist. Das ist die beste Erklärung, die ich bis heute dafür geben kann. Ich wusste in dem Augenblick auf dem Berg, dass ich das niemanden erklären könnte, aber ich wusste ebenfalls, dass ich von dem Zeitpunkt an ein totaler Lügner wäre, wenn ich die Frage, ob ich mir sicher bin, dass es Gott gibt, mit irgendetwas anderem beantworten würde als mit "Jawohl. 100 % sicher. Überhaupt kein Zweifel."

In den kommenden Wochen redete ich mit vielen Leuten über die Existenz Gottes und ermutigte sie, ebenfalls nach Gott zu suchen. Ich war mir sicher, dass sie ihn finden würden, wenn sie nur wirklich wollten.

Aber zu wissen, dass es jemanden gibt, bedeutet ja noch nicht automatisch, mit ihm auch eine gute Beziehung zu haben. Das trifft auch auf unsere Beziehung mit Gott zu. So musste ich noch feststellen, dass meine Sünden mich noch von dem Gott trennten, an den ich jetzt glaubte.

4 Das Evangelium

Ich weiß nicht, ob und wie dir das Evangelium präsentiert wurde, aber ich bin davon überzeugt, dass Jesus, wenn überhaupt, nicht als Gast in unser Leben kommen wird. Er möchte entweder als Herr in ein Leben eintreten dürfen oder er wird draußen bleiben. Gott öffnete mir die Augen für diese Realität an einem Freitag im Februar 1989, der als ein ganz normaler Tag begann.

> JESUS WIRD NICHT ALS GAST IN UNSER LEBEN KOMMEN. ER WIRD ENTWEDER ALS HERR IN EIN LEBEN EINTRETEN ODER ER WIRD DRAUSSEN BLEIBEN

Gemeinsam mit einem Freund war ich drei Stunden mit dem Auto von Braunschweig nach Münster gefahren, um dort seine Freundin im Krankenhaus zu besuchen. Während der Fahrt hatten wir uns eine Predigt von Wilhelm Pahls angehört. Niemals zuvor hatte ich jemanden so leidenschaftlich darüber reden hören, dass man sein Leben vollkommen Jesus geben sollte. Es war, als ob er direkt zu mir sprach und ich wusste, dass das, was er sagte, wahr ist. Jedes Wort traf mich voll ins Herz. Ohne, dass ich einen wissenschaftlichen Beweis dafür hatte, *wusste* ich, dass die Bibel Gottes Wort ist. Ich hatte nichts zu meiner Verteidigung zu sagen, und ich hatte keinen Grund, nicht zu akzeptieren, was Jesus für mich getan hatte. Ich verstand, dass er als Retter und Herr in mein Leben kommen wollte. Nachdem wir die Predigtkassette zu Ende gehört hatten, hatte ich die vielleicht schrecklichsten zwei Stunden meines Lebens. Wir gingen die Freundin meines Freundes im Krankenhaus besuchen, aber ich konnte mich überhaupt nicht an der sich entfaltenden Unterhaltung beteiligen. Denn in mir tobte ein Krieg! Ein Teil von mir wollte das, was Jesus mir anbot, aber ein anderer Teil wollte die Kontrolle über mein Leben behalten und argumentierte dagegen. Und einer der Hauptgründe, warum ich zögerte, war, dass ich wusste, dass ich nie die Art von Sex haben könnte, die ich wollte, wenn ich wirklich Jesus nachfolgen würde.

Letztlich fiel mir ein guter Grund ein, das Krankenzimmer zu verlassen und ging zurück zum Parkplatz. Ich konnte dabei niemandem ins Gesicht schauen und alles um mich herum schien dunkel und grau. Als ich am Auto ankam, nahm ich nicht sofort, wie eigentlich geplant, die Gitarre aus dem Kofferraum, sondern setzte mich erst einmal auf den Fahrersitz und betete.

Ich kann mich nicht genau erinnern, welche Worte ich benutzte, als ich betete, aber als ich meine Augen öffnete, sah die Welt vollkommen anders aus. Alles Dunkle und Graue war verschwunden. Ich stieg aus dem Auto aus und sah Bäume, Menschen, LEBEN! Ich sah die Welt buchstäblich mit neuen Augen. Später las ich in 2. Korinther 5:17, dass diejenigen, die in Christus sind, eine neue Kreatur sind. Und genauso fühlte es sich an!

Nun sollte man meinen, dass das Leben von da an einfacher wurde. Ich kannte jetzt die Wahrheit, und die Wahrheit macht uns frei, richtig? Richtig! Und tatsächlich: Das Leben war für eine Weile einfach und unkompliziert. Mein neugefundener Glaube trug mich durch die Tage, und es schien fast so, als wenn ich über dem Boden schweben würde. Alles begann, Sinn zu machen. In einer sehr kurzen Zeit lernte ich unglaublich viel und ich genoss viele tiefe, gesunde Beziehungen mit anderen Gläubigen, sowohl Männern als auch Frauen. Der Herr erlaubte es mir, auf vielerlei Art und Weise ein effektiver Zeuge an der Universität und in meiner Heimatstadt zu sein. Um auch in ganz alltäglichen Dingen Zeugnis zu sein, zog ich mit zwei befreundeten Nichtchristen in eine Wohngemeinschaft. Obwohl ich zu einem von ihnen Zuneigung verspürte, und es genoss, mit ihm Zeit zu verbringen, ihn auch mal zu umarmen oder meine Zuneigung auf andere Weise auszudrücken, wusste ich auch genau, was ich *nicht* von ihm wollte. Es machte einfach Spaß, gemeinsam Dinge zu unternehmen und sein Leben mit Gebet zu begleiten. Wenngleich er sich, soweit ich weiß, bis heute noch nicht für Jesus entschieden hat, so bin ich mir doch sicher, dass diese Zeit keine Fehlinvestition war, denn viele meiner damaligen Gebete hat der Herr bereits beantwortet. Andere Gebetserhörungen stehen allerdings noch aus.

In der Zeit waren auh einige Mädchen an einer tieferen Beziehung mit mir interessiert, aber ich war vollkommen zufrieden und erfüllt, Single zu sein, und ließ nur platonische Beziehungen mit ihnen zu.

Ich wuchs im Glauben und schloss mein Politologiestudium drei Jahre später mit einem Magister ab. In dieser Zeit suchte ich wiederholt den Rat von sehr reifen Christen bezüglich meiner homosexuellen Gefühle, aber so sehr ich es auch wollte, dafür betete und andere um Gebet und Rat für mich fragte, kam ich doch nicht darum herum festzustellen, dass sich meine sexuelle Orientierung nicht änderte.

5 Vollzeitlicher Dienst

Nachdem ich Gott drei Jahre lang ernsthaft gebeten hatte, mir zu zeigen, was ich nach dem Studium mit meinem Leben tun sollte, entschied ich mich, in den vollzeitlichen Dienst zu gehen. Ich dachte mir, dass es das Beste sei, offen und ehrlich zu sein, und so erwähnte ich meinen anhaltenden Kampf in meiner Bewerbung für einen fünfmonatigen Missionstrainingskurs. Ich wurde trotzdem akzeptiert und flog ein paar Wochen später nach Los Angeles, um dort an einer Jüngerschaftsschule von Jugend Mit Einer Mission (JMEM – sprich "Jot-Mem")[1] teilzunehmen. Hier hörte ich das erste Mal von etwas, was der Sprecher die "Gabe der Zuneigung" nannte. Die Lehre[2] besagt, dass wir uns alle zu verschiedenen Menschen beiderlei Geschlechts hingezogen fühlen und dass wir so z.B. unsere Freunde auswählen würden. Dabei wären wir jedoch immer in der Lage, unsere Gefühle zu kontrollieren, so dass die Zuneigung nicht zu sündhaften Gedanken oder sündhaftem

---

[1] JMEM ist der deutsche Zweig von Youth With A Mission (YWAM, sprich "whai-wi äm"), einer 1960 gegründeten internationalen und überkonfessionellen Missionsorganisation.
[2] Siehe Dean Sherman: Beziehungen - Der Schlüssel zu Liebe, Sex und allem anderen. *YWAM Publishing 2007.*

Handeln führen müsse. Was für ein befreiender Gedanke! Ich war erstaunt: Meine Gefühle als Teenager und für den jungen Mann beim Bund waren letztendlich gar nicht "falsch" gewesen? Ja, vielleicht waren sie sogar von Gott selber gegeben? Wenn ich das als kleiner Junge gewusst hätte, hätte mir das, denke ich, viele Probleme erspart.

<u>Öffentliches Eingeständnis</u>

Während ich meinen Leitern gegenüber von Anfang an sehr offen war, hielt ich es nicht für nötig, auch öffentlich über meine Erfahrungen und Kämpfe bezüglich meiner homosexuellen Neigung zu reden. Zum einen, weil die Bibel sagt, dass wir, mehr als alles andere, unser Herz bewahren sollen (siehe Sprüche 4:23), und zum anderen, weil mir einfach die Freiheit dazu fehlte. Das änderte sich schlagartig, als uns unsere Teamleiterin während eines einwöchigen Einsatzes eines Morgens mitteilte, dass wir am Abend in einem Zentrum für Drogen- und Alkoholabhängige von Teen Challenge ein Programm gestalten würden. Als die Teamleiterin fragte, wer von uns ein Zeugnis geben wollte, wusste ich, dass der richtige Zeitpunkt gekommen war. Als ich dann am Abend freimütig mein Zeugnis gab, spürte ich eine Salbung durch den Heiligen Geist. Ich sagte u.a., dass es jeden Preis wert sei, die Verlangen meiner alten Natur zu verneinen, und dass dies wirklich gar kein großer Preis für das war, was Jesus mir stattdessen gab. Es tat richtig gut, mit Freude und Freiheit in dieser Weise über meine Schwäche zu reden, und das Zeugnis verfehlte auch nicht seine Wirkung auf die Zuhörer.

Zurückblickend auf dieses Erlebnis, denke ich, dass dies das erste Mal war, dass Gottes Verheißung aus 2. Korinther 12:9 in meinem Leben erfüllt wurde: Er hatte seine Stärke in meiner Schwäche offenbart! Ich wünschte, ich könnte sagen, dass ich seitdem immer in dieser Freiheit gelebt habe, aber meine Überzeugungen sollten auch weiterhin geprüft werden.

Gute Zeiten, schlechte Zeiten

Nach dem Besuch der Jüngerschaftsschule flog ich zurück nach Deutschland um meine Zukunftspläne mit den Pastoren und Ältesten meiner Gemeinde abzuklären. Vier Monate später kehrte ich dann nach Los Angeles zurück um dort mit YWAM zu arbeiten. Ich bin den Mitarbeitern dort sehr dankbar, die mich offenen Herzens in ihrer Mitte willkommen hießen, obwohl sie von meiner homosexuellen Neigung wussten. Normale Aktivitäten wie etwa das gemeinsame Ansehen eines American Football

Spieles, aber natürlich auch die Tatsache, dass mir Führungsverantwortung zugeteilt wurde, halfen mir enorm, mich als Person zu entwickeln und wohlzufühlen, ein ganz normaler Mann unter seinesgleichen zu sein. Während der sieben Jahre, die ich mit YWAM in Los Angeles arbeitete, hatte ich die Möglichkeit, hunderte von Jugendlichen kennenzulernen, indem ich ihnen auf verschiedene Weise diente (z.B. als Mitarbeiter und Leiter von Jüngerschaftsschulen und internationalen Einsätzen, oder auch dadurch, dass ich Jugendgruppen vom Flughafen abholte, sie auf Einsätze in Mexico begleitete, oder einfach mit ihnen Fußball spielte). Durch Besuche von Gemeinden, Jugendgruppen und Familien in vielen Teilen der USA, versuchte ich, mit so vielen Jungs wie möglich in Kontakt zu bleiben. Einige von ihnen sind heute im vollzeitlichen Dienst in Gemeinden oder auf dem Missionsfeld![3] Der Herr machte tatsächlich von meiner Gabe der Zuneigung gebrauch!

Da wir in enger Gemeinschaft mit etwa 150 Christen lebten, boten sich auch viele

---

[3] Ich möchte damit nicht behaupten, dass ich der ausschlaggebende Faktor für ihre Entscheidungen war, in den vollzeitlichen Dienst zu gehen, aber es ist schon lohnenswert, zumindest einen Anteil daran gehabt zu haben!

Möglichkeiten, normale Beziehungen und gute Freundschaften mit einigen weiblichen Mitarbeitern aufzubauen. Dementsprechend ging es mir die meiste Zeit prima, aber ab und zu stellte ich fest, dass ich mich nach wie vor zu jungen Männern hingezogen fühlte. Und jedes Mal, wenn ich das feststellte, war ich vollkommen verstört, schämte mich und verurteilte mich selber. Als Missionar und Leiter erwartete ich in gewisser Weise von mir, ohne Fehl und Tadel zu sein. Schließlich hatte ich doch meine Sünde bekannt, hatte gebetet, gefastet, seelsorgerlichen Rat gesucht, usw. Warum also veränderte Gott mich nicht? Warum konnte "Jedermanns Kampf"[4] nicht auch mein Kampf sein?

<u>Bereit zum Heiraten?</u>

Einem Traum folgend, den Gott mir 1994 gegeben hatte, reiste ich 1996 das erste Mal nach Thailand. Gemeinsam mit einem weiteren Mitarbeiter von YWAM Los Angeles verbrachte ich fünf Wochen damit, bestehende Dienste zu besuchen und Missionare über ihre Erfahrungen, Sorgen und Möglichkeiten für Zusammenarbeit auszufragen.

---

[4] "Everyman's Battle" ist der englische Titel des im Deutschen unter dem Titel "Jeder Mann und die Versuchungen" erschienenen Buches von Stephen Arterburn.

1998 kehrte ich für etwa ein halbes Jahr nach Thailand zurück, um eine Art Praktikum zu machen. In dieser Zeit bemerkte ich, dass mir alle Aspekte des Lebens in Thailand gefielen: Ich mochte die Menschen, den Lebensstil, das Essen, das Wetter und den Dienst, in dem ich arbeitete. "Alles ist perfekt", dachte ich mir, "aber es wäre noch schöner, wenn ich nicht alleine sein müsste, sondern eine Partnerin hätte." Und ich dachte dabei an eine ganz bestimmte Person!

Ich war mir darüber im Klaren, dass dies ein gewaltiger Schritt wäre, aber ich fühlte mich bereit, diese Herausforderung anzunehmen. So entschloss ich mich letztlich dazu, eine langjährige Freundin zu fragen, ob sie mich heiraten wollte. Ich war mir 150 % sicher, dass dies Gottes Wille für unser Leben war, aber zu meiner großen Überraschung sagte sie "Nein!" Sie erklärte mir, dass sie einige Wochen früher sofort "Ja" gesagt hätte, aber dass der Herr in den 2-3 vorangegangenen Wochen ihr Herz verändert hätte. Es half mir nicht wirklich, dass sie mich damit tröstete, dass der Herr etwas Besseres für mich hätte. Ich war am Boden zerstört – für ein paar Stunden. Dann schüttelte ich mich kurz, wie eine Ente sich schüttelt, wenn sie aus dem Wasser kommt, und entschied mich dafür, nach Thailand zurückzugehen, um dort eine mir angebotene Leiterschaftsstellung in einem Dienst anzutreten.

6 Exil im gelobten Land

Kurz bevor ich nach Thailand ging, erzählte mir ein Freund, der sich um die Computer in unserem Missionszentrum am Fuße der San Gabriel Mountains kümmerte, dass sich jemand mit den Computern im Dienstbüro pornografisches Material im Internet angesehen hatte. Ich war schockiert! Ehrlich, ich hatte bis dahin noch nicht einmal etwas von Pornografie im Internet gehört. Aber es pflanzte einen Samen: "Hmm", fragte ich mich, "was es da wohl so gibt?" Und schon bald nahm ich eine Kostprobe. "Keine große Sache", dachte ich, "ich muss sowas nicht wieder ansehen." Aber ein paar Tage später war ich wieder online, "nur dieses eine Mal noch." Ein hungriger Löwe interessiert sich nicht dafür, warum du deinen Arm durch die Gitterstäbe reichst - er wird dich packen! Ebenso interessiert sich der Teufel nicht dafür, warum du sündigst. Aber wenn du sündigst, bist du gebunden. Und so war ich in der Falle. Ich wurde von meiner Missionsgesellschaft ausgesandt, um einen gut laufenden Englisch-Lehrdienst, genannt "The Centre"[5], zu leiten. Der Dienst eröffnete einer großen Studentenschaft in der Nähe der Universität von Chiang Mai im Norden Thailands die Möglichkeit, Englisch zu lernen. Und obwohl ich jeden Aspekt meines Lebens und Dienstes liebte, wurde es nicht leichter, der Versuchung, mir falsche Dinge im Internet anzusehen, zu widerstehen. Viele Male tat ich unter Tränen Buße, nur, um mich bald wieder dabei zu ertappen, die nächste geheime Sitzung zu planen. Rechenschaftsplicht gegenüber einem Pastor meines Vertrauens half sicherlich, aber es war nicht genug, mich davor zu bewahren, noch weiter in Sünde zu fallen: Und so berührte ich eines Tages einen der Studenten meines engeren Freundeskreises im "Centre" in unangemessener Art und Weise. Ich wusste, dass ich zu weit gegangen war und rief meinen Pastor auf der anderen Seite der Welt in Süd-Kalifornien an. Gemeinsam mit den Leitern meiner Missionsgesellschaft überzeugte er mich, dass es für mich das Beste sei, Thailand sofort zu verlassen. So begann, was ich mein "Exil im Gelobten Land" nenne. Denn statt nach Hause zu gehen, nach Deutschland, flog ich zurück in die USA, da mir YWAM angeboten hatte, mir dort auf dem Weg zur Wiederherstellung zu

---

[5] Wir lehrten damals britisches Englisch, so war es wirklich ein "Centre", nicht ein "Center" (deutsch: Zentrum).

helfen. Millionen von Menschen aus allen Ecken der Welt würden gerne die Chance haben, in den USA zu leben, aber so sehr ich normalerweise Süd-Kalifornien liebe und sooft ich es heute auch vermisse, so sehr wollte ich in jener Zeit nicht einen einzigen Tag dort sein! Alles in mir wollte in Thailand sein. Meine Leiter hatten mir anfangs gesagt, dass ich ein halbes Jahr warten müsste, bevor ich wieder in Thailand arbeiten könnte. Aber daraus wurden fast zwei Jahre! Es war eine lange Zeit, gefüllt mit vielen Tränen, auch wenn die Seelsorgegespräche und Gruppentreffen hin und wieder sogar Spaß machten und der Herr mir erlaubte, in dieser Zeit des Wartens auch auf sinnvolle Weise zu dienen. Ich unternahm mehrere Reisen nach Thailand, um eine frühere Rückkehr auszuhandeln, aber die Leiter gaben kein grünes Licht. Zeit, viele Tränen, neun ungezähmte Pferde[6] und die Gebete, die Gemeinschaft und die Ermutigung von vielen gottesfürchtigen Menschen halfen mir, wieder auf die Füße zu kommen. So kam ich im Jahr 2001 wieder nach Thailand zurück, aber eine Wunde blieb.

---

[6] Eine Erklärung folgt auf Seite 138

7 Gefundene Leidenschaft

Nachdem ich mich im ersten Jahr durch das Thaisprachstudium gequält hatte, begann ich mit einem kleinen Team einen Dienst an einer Universität. Daneben führten wir auch ein Programm durch, das thailändische Jugendgruppen zu Evangelisation und Mission herausforderte und ausrüstete. Ich war sehr beschäftigt, hatte gute Beziehungen zu anderen Leitern des Leibes Christi in der Region und liebte es, ein kleines Team von thailändischen und internationalen Mitarbeitern zu leiten. Außerdem leitete ich Lobpreiszeiten, lehrte und predigte in verschiedenen Zusammenkünften. Ich denke, man könnte sagen, dass ich für eine Zeit lang ein normaler, glücklicher und effektiver Missionar war. Aber meine Fähigkeit, einfach Freundschaften zu schließen, war auf der Strecke geblieben, und meine Beziehungen mit Studenten und Mitarbeitern waren nun davon geprägt, dass ich ihr Leiter war, nicht einfach ihr Freund. Gerade das war jedoch zuvor meine Stärke gewesen. Mehr oder weniger durch Zufall bekam ich Kontakt zu ein paar Kinderheimen und begann, mich dort einzubringen. Eines Tages, nachdem ich einen Kleinbus voller Jungen zu einem Ausflug gefahren hatte, dankte mir ein befreundeter Missionar, der mit den Kindern vollzeitlich arbeitete. "Oh, keine Ursache", antwortete ich ihm, "es ist mir eine ..." *Freude* wollte ich sagen. Aber ein guter Freund, der zu dieser Zeit zu Besuch war und den Tag gemeinsam mit uns verbracht hatte, beendete den Satz vor mir: "... Leidenschaft!" Ja, das hatte ich zwar vorher noch nie so gesehen, aber nun, wo er es ausgesprochen hatte, war es offensichtlich: Diesen Jungs zu helfen, sie zu anzuleiten, sie zu lehren, ihnen zu dienen, oder einfach nur Fußball mit ihnen zu spielen, war meine Leidenschaft geworden. Oder vielleicht wäre es treffender zu sagen, dass ich das Gute entdeckt hatte, das meine Leidenschaft erfüllt, so wie es in Psalm 103:5 verheißen ist.[7]

Kurz nachdem ich dies erkannt hatte, wurde mein Freund gefragt, ob er das Wohnheim des Internats, in dem er zuvor als Englischlehrer und Jugendpastor gedient hatte, leiten würde. Als er mir von dieser Gelegenheit erzählte, sagte ich ihm, ohne zu zögern, dass ich ihn vollzeitlich unterstützen würde, wenn er diese

---

[7] Elberfelder: "Der mit Gutem sättigt dein Leben;" die New International Version übersetzt den Vers "who satisfies your desires with good things," wörtlich "der Deine Sehnsüchte (oder Verlangen) mit guten Dingen erfüllt."

Herausforderung annehmen würde. Ein paar Wochen später übergab ich den Dienst, den ich bis dahin geleitet hatte, einem Mitarbeiterehepaar. Und so stieß ich zu meinem Freund und seiner Frau, die ein Team von zehn thailändischen Mitarbeitern zusammengestellt hatten. Gemeinsam betreuten wir 250 Kinder, von der 1. bis zur 9. Klasse. 250 Kinder! Eine meiner Aufgaben war die Aufsicht über die 90 Jungen und die Anleitung der vier thailändischen Mitarbeiter, die diese Kinder betreuten. Ich liebte jeden Aspekt dieses Dienstes an den Kindern. Es machte mir nichts aus, Kinder in ein überfülltes Krankenhaus in der Stadt zu bringen und mit ihnen dort stundenlang zu warten, wo ich meist der einzige Ausländer unter Hunderten von Thais war. Ebenso machte es mir nichts aus, Duschen, Bäder und Wassertanks zu reinigen. Ich war praktisch rund um die Uhr im Einsatz und jeder Zeit bereit, Dinge zu reparieren, Gespräche mit Eltern oder der Polizei zu führen oder einzukaufen. Oft schlief ich mehrmals pro Woche auf einer unbequemen Matratze im Schlafsaal der Jungs. Ich liebte diese Kinder, und jedes "Opfer" meinerseits war in Wahrheit kein Opfer für mich. Ich liebte die schier unendlichen Gelegenheiten, ihnen das Wort Gottes nahe zu bringen, sei es um sechs Uhr morgens bei einer kurzen Andacht, bei freiwilligen Bibelgruppen nach dem Mittagessen, bei notwendigen Zurechtweisungen, wenn sie sich daneben benommen hatten, beim Fussballtraining oder wenn ich mit ihnen betete, bevor sie zu Bett gingen.

Während meines "Exils im gelobten Land" hatte ich gelernt, dass ein Mangel an körperlicher Zuwendung in der Kindheit (z.B. in Form von Umarmung durch die Eltern) einer der Hauptfaktoren sein kann, die unsere sexuelle Orientierung beeinflussen. Solche ermutigende, gesunde körperliche Zuwendung war in meiner eigenen Kindheit eher selten gewesen, was sicher dazu beitrug, dass mein völlig normales Verlangen nach Intimität (nicht der sexuellen Art) unerfüllt geblieben war. Weil dieses legitime Verlangen nicht mit Gutem erfüllt worden war, und ich wusste, dass die sich anbietende Alternative des homosexuellen Lebensstils nicht richtig und gut war, hatte ich als Teenager so gelitten, denn ich dachte ja, dass das Verlangen an sich schlecht war. Nun also, wissend, dass jeder ein Verlangen nach körperlicher Zuwendung hat und wissend, dass Gott es mit Gutem füllen wollte, war ich sehr freigiebig mit dem Zeigen von körperlicher

Zuwendung. Da einige Jungs dafür mehr offen sind als andere, versuchte ich, dafür sehr sensibel zu sein.[8] Und ich war sehr darauf bedacht, mein eigenes Herz zu schützen und sicherzustellen, dass ich damit auch nicht nur im Ansatz eine sexuelle Absicht verfolgte. Ich liebte diese Kinder, aber es war eine reine, heilige Liebe.

Asiatische Kultur

Die meisten der Kinder waren es nicht gewohnt, körperliche Zuneigung von einem Erwachsenen zu bekommen, schon gar nicht von einem männlichen Erwachsenen. Beinahe jedes Mal, wenn ich die Gelegenheit hatte, einige unserer Kinder in ihren Dörfern zu besuchen, fiel mir auf, dass ihre Eltern sie mit nicht viel mehr als einem ihre Anwesenheit registrierenden Kopfnicken begrüßten, nachdem das Kind sie aus einigen Metern Entfernung mit einem traditionellem Wai gegrüßt hatte, selbst wenn sie sich für einige Wochen oder sogar Monate nicht gesehen hatten. Keine Umarmung, keine Küsse, nicht einmal ein leichtes Schulterklopfen.

---

[8] Gary Chapmans "Die 5 Sprachen der Liebe für Kinder" gibt wertvolle Einsichten darüber, wie Kinder Liebe ausdrücken und empfangen.

Ein Thai Junge grüßt mit einem traditionellem Wai

Wie in den meisten asiatischen Kulturen, ist es auch in Thailand nicht angemessen, öffentlich körperliche Zuneigung zu zeigen. So habe ich bis heute noch kein Thai Ehepaar gesehen, das sich in der Öffentlichkeit umarmt oder küsst, auch nicht zum Abschied oder zur Begrüßung auf einem Flughafen. Diese Dinge verändern sich zwar langsam aber sicher, so dass man in Bangkok inzwischen relativ häufig Paare sieht, die Hand in Hand durch ein Einkaufszentrum schlendern. Unsere Kinder wuchsen jedoch nicht in der 12-Millionen-Metropole Bangkok auf, sondern in den Bergen Nordthailands. Einige ihrer Dörfer haben bis heute keine Elektrizität und sind deswegen vom Einfluss durch TV und

Internet weitgehend verschont geblieben. Manchmal, wenn ich die Möglichkeit hatte, eines der vielen Dörfer, in denen die sechs größeren ethnischen Minderheiten Nordthailands leben, zu besuchen, fühlte ich mich, als wenn ich im Auenland aus JRR Tolkiens "Herr der Ringe" angekommen wäre!

Kulturelle Unterschiede sind jedoch nicht der einzige Grund, weswegen viele der Kinder in unserem Heim nie die Zuwendung ihrer Eltern, insbesondere ihrer Väter, erfahren hatten. Viele der Kinder waren ohne Vater aufgewachsen, da dieser ihre Mutter schon vor ihrer Geburt verlassen hatte. In einigen Fällen waren die Väter schon gestorben. Alkoholsucht, Drogen und Promiskuität[9] stellen für die Jugendlichen in den Bergdörfern riesengroße Versuchungen dar, da nur sehr wenige von ihnen die Möglichkeit haben, eine Ausbildung zu machen und/oder einen vernünftigen Job zu bekommen. Deswegen sind viele junge Männer nach Bangkok gezogen oder arbeiten in Südkorea, Taiwan und Japan, um von dort eine monatliche Unterstützung für ihre Familien in den Bergdörfern zu senden. Eine ganze Generation

---

[9] Sexueller Lebensstil mit relativ häufig wechselnden oder sogar parallel mit mehreren Partnern

wächst deswegen quasi ohne Vater auf, auch wenn in den meisten Fällen ein Großvater oder ein Onkel zumindest in gewissem Grad väterliche Aufgaben in ihrem Leben übernimmt. Der Mangel an guten Vorbildern für junge Männer, und in vielen Fällen die völlige Abwesenheit eines Vaterbildes, stellen eine gewaltige Herausforderung für die Gemeinde dar, denn es ist Gottes erklärte Absicht, dass ein Vater das Vaterherz Gottes zu seinen Kindern reflektiert und repräsentiert.[10] Und weil ich wusste, dass die meisten Jungs keine guten Vorbilder hatten, wollte ich, dass sie das wahre Vaterherz Gottes unter anderem durch mich ganz praktisch erfahren.

Spielenachmittag mit einigen der Jungs

---

[10] Mehr dazu im 7. Kapitel des 2. Teils dieses Buches.

Dies ist einer der Hauptgründe, die mich motiviert haben, Missionar zu werden, und ich denke, dass man meine Geschichte und den Kern dieses Buches nicht verstehen kann, wenn man das nicht beachtet. Ich sehne mich danach, dass Menschen Gott als ihren Vater kennenlernen. Um das zu tun, möchte ich ihn so gut wie möglich repräsentieren - in allem, was ich tue, sage und denke. So ist es meine größte Freude, wenn ich merke, dass Gott mich dafür benutzt hat, jemandem sein Vaterherz zu offenbaren; andererseits ist es meine größte Verzweiflung, wenn ich feststelle, dass ich ihn misrepräsentiert habe. Oh, wie wertvoll sind mir Erinnerungen an Momente, in denen einige Jungs mich umarmten und sich, vielleicht das erste Mal im Leben, so richtig ausweinten. Meistens sagten sie mir nicht, warum sie weinten, aber das war auch gar nicht nötig. Es war genug, zu wissen, dass *er* sie verstand. Denn *er* ist es, der sie liebt. Was für eine Ehre ist es doch, ein Träger dieser Liebe Gottes zu sein, die er in unser Herz gegeben hat (siehe Römer 5:5). Ich kenne keine höhere Berufung als diese!

Um einige Kinder nach der 9. Klasse weiter zu begleiten und um es ihnen zu ermöglichen, ihre Ausbildung weiter zu machen, öffnete ich mein Haus für zwei oder drei Jungs. Ich liebte es,

Vormund und Vaterfigur sowohl für die Jungs in meinem Haus als auch für die Kinder in dem Heim zu sein. Es fühlte sich an, als ob Gott meine Leidenschaft freigesetzt hatte und meinen Herzenswunsch, ein Vater zu sein, auf wunderbare Weise beantwortet hatte.

Ausflug zu einem Zoo mit einigen der kleineren Jungs

Mit einigen der älteren Jungs

8 Der perfekte Sturm

Das Zusammenleben mit zwei oder drei Teenagern eröffnete viele Möglichkeiten für bedeutungsvolle Gemeinschaft: Mahlzeiten, Spielabende, Bibelstudium, Hilfe bei Hausaufgaben, Arbeit in Haus und Garten, Wochenendausflüge, usw.; aber es brachte beinahe unvermeidbarer Weise auch Situationen mit sich, in denen meine alte Natur versucht werden konnte.

Nach einer Weile musste ich feststellen, dass ich nicht nur väterliche Gedanken für einen der Jungen in meiner Obhut hatte. Ich bekannte das einigen Freunden, die für mich beteten und denen gegenüber ich darüber weiter Rechenschaft geben konnte. Leider war das nicht der einzige Kampf, vor dem ich stand, denn ein neuer Riese war in meinem Leben aufgetaucht: Bei mir wurde Parkinson diagnostiziert! Wenn du den Film "Der Perfekte Sturm" gesehen hast, kannst du dir vielleicht vorstellen, was mir bevorstand. Ich kam mit dem Druck aus den verschiedenen Bereichen nicht mehr klar, und die Nebenwirkungen der Medikamente, die ich bald nehmen musste, taten ihr Übriges hinzu.[11]

Ich besuchte wieder häufiger falsche Webseiten, so dass meine Leiter es für nötig hielten, mich aus dem Dienst zu entfernen und mir sogar zu verbieten, die Kinder zu kontaktieren, die mir mittlerweile so viel bedeuteten. Nun hatte ich alles verloren: meinen Dienst, meine Gesundheit, die meisten meiner Freundschaften zu anderen Leitern und die Beziehung zu Dutzenden von Kindern, die ich liebte wie es ein geistlicher Vater und Hirte sollte.

Ich war enttäuscht von Leitern und einigen Leuten, die ich bis dahin als Freunde betrachtet hatte. Vor allem aber war ich enttäuscht von mir selber.

---

[11] Einige Medikamente, die zur Behandlung von Parkinsons angewandt werden, sind dafür bekannt, dass sie Veränderungen in der Persönlichkeit des Patienten bewirken können, die sich in Spielsucht, Kaufrausch, gesteigertem sexuellen Verlangen und anderen Verhaltensweisen ausdrücken kann, von denen der Patient weiß, dass sie für ihn oder andere schädlich sind.

Zwischenteil: Gelernte Lektionen

SMASH – und wieder lag ich ausgestreckt auf der Piste. Fast lautlos, aber keineswegs schmerzlos, hatte ich einmal mehr die Bekanntschaft mit dem Schnee gemacht, der die Abfahrtshänge oberhalb von Les Diablerets bedeckte. "So, jetzt reicht es mir aber", dachte ich mir. "Ich bin nicht zum Skifahren geboren. Ich werde jetzt einfach zur Berghütte gehen, mir einen heißen Kakao bestellen und dann den Leuten beim Skifahren zusehen bis meine Freunde genug haben und wir nach Hause fahren können." Aber nachdem der erste Schmerz verflogen war, erinnerte ich mich daran, dass es doch eigentlich richtig Spaß gemacht hatte, bis ich den kleinen Fehler gemacht hatte, der zum Sturz führte. Wenn ich es nochmal probieren würde, könnte ich diesen Fehler vermeiden und die Abfahrt genießen, vielleicht ja sogar ohne weiteren Sturz bis zur Talstation des Skilifts. Also nahm ich allen Mut zusammen, stiefelte zurück den Hang hinauf und probierte es noch einmal. Und tatsächlich: Es machte riesig Spaß! Hätte ich einfach aufgegeben, hätte ich soviel versäumt!

Ich denke, dass es mit den meisten Dingen im Leben so ist wie meine Erfahrung während meines ersten Skiurlaubs in den Schweizer Alpen: Angefangen von den ersten Schritten eines Babys oder dem Erlernen des Radfahrens bis hin zum Erlernen einer Fremdsprache und den Versuchen eines Autors, seinen ersten Bestseller zu schreiben. Wir lernen etwas dadurch, dass wir es tun, und bevor wir erfolgreich sind, machen wir Fehler. Der Feind möchte, dass wir uns auf diese Fehler konzentrieren und aufgeben, aber wir sollten stattdessen darauf schauen, wie weit wir bereits gekommen sind, dankbar dafür sein und Gott vertrauen, dass er unser Potential zu seiner Ehre weiter entwickeln wird.

So war es auch mit meinem Dienst in Thailand. Nachdem "Perfekten Sturm" kam eine Zeit, in der sich der Wind legte und die Luft sich klärte, so dass ich die Situation überschauen konnte und mir den Schaden betrachten konnte, den der Sturm angerichtet hatte. Einige der Faktoren, die einen Anteil an diesem "Perfekten Sturm" hatten, wurden mir erst Jahre später bewusst. Dazu gehörten viele Stressfaktoren, denen jeder Missionar ausgesetzt ist (z.B. kulturelle Unterschiede, Sprachschwierigkeiten, finanzielle Sorgen, etc.), aber auch einige Dinge, die das spezielle Umfeld mit sich brachten. Dazu gehörten u.a. Persönlichkeitskonflikte mit anderen Mitarbeitern, unterschiedliche Leitungsstile, die Auseinandersetzung mit unterschiedlichen Werten und Zielen von Personen mit Verantwortung für unseren Dienst, usw. Nicht zu unterschätzen ist sicherlich auch der Aspekt des geistlichen Kampfes, da viele der Kinder aus Familien mit animistischem Glauben kamen, deren Volksgruppen z.T. heute noch als unerreicht eingestuft sind.[12]

Neben diesen äußeren Faktoren gab es jedoch auch einige innere Hindernisse, die mir das Leben erschwerten. Dazu gehörten unverarbeiteter Schmerz und Trauer über Verluste in der Vergangenheit.

Alle diese Aspekte waren Teil des "Perfekten Sturms", aber das konnte ich zu dem Zeitpunkt nicht sehen. Rückblickend sehe ich, dass der Herr mir einige klare Warnsignale gegeben hatte, die ich aber allesamt, vor allem aus Stolz, ignorierte.

Nichtsdestotrotz war die Arbeit mit dem Kinderheim in Thailand von 2004 - 2009 eine

---

[12] Ausgiebige Daten und Erklärung bzgl. unerreichter Völker bei www.joshuaproject.net

wundervolle Erfahrung für mich. Ich lernte soviel über das Vaterherz Gottes, was ich nie in irgendwelchen Seminaren, Kursen, Predigten oder aus Büchern hätte lernen können. Außerdem war es eine einmalige Möglichkeit, vorher Gelerntes in der Praxis anzuwenden und mein Verständnis von Lehren über das Hören der Stimme Gottes, das Treffen von Entscheidungen, den Willen Gottes, geistlichen Kampf, Jüngerschaft, Evangelisation und einer Menge anderer Dinge zu erweitern. So sammelte ich Erfahrung in Bezug auf kulturübergreifende Arbeit, dienende Leiterschaft, das Arbeiten in einem Team, das Lösen von Konflikten im Miteinander, das Arbeiten mit Kindern und Jugendlichen bis hin zum Fundraising, zur Buchhaltung, Klempnern und Fußballtraining. Ich denke, das einzige Gebiet, in dem ich mich sträubte zu wachsen, war das Kochen.

Aber die bei weitem wichtigsten Lektionen aus dieser Zeit für mich haben mit dem Thema dieses Buches zu tun. Denn ich sah, wie der Herr das, was ich für mein größtes Manko hielt, in etwas Wundervolles verwandelte, dass sowohl mich erfüllte als auch ein Segen für viele der Jungen wurde, die ich in dieser Zeit kennenlernte. Dass die Geschichte sich so entwickelte, wie ich es hier geschildert habe, ist natürlich schade. Von einem rein menschlichen Standpunkt aus gesehen könnte man denken, dass ich mehr Schaden als Gutes angerichtet habe. Aber das letzte Kapitel meiner Geschichte ist noch nicht geschrieben, ebenso wie die weitere Entwicklung der Jungs, die meinen Fehlern ausgesetzt waren. Es ist mehr als nur ein frommer Wunsch, wenn ich mich daran erinnere, dass der Herr denen, die Gott lieben, alles zum Guten verwenden kann (siehe Römer 8:28). So freue ich mich, dass einige der Beziehungen mit den Kids weiterhin bestehen und ich danke dem Herrn auch dafür, dass die meisten Freundschaften mit anderen Missionaren wieder hergestellt sind.

Fleisch, Angst und Glaube

Der Feind und große Teile der Gesellschaft würden mir gerne weismachen, dass ich homosexuell bin und dementsprechend leben sollte. Mein Fleisch, meine alte Natur, möchte dieser Aufforderung ohne weitere Bedenken Folge leisten. Meine

> UNSERE ALTE NATUR MÖCHTE, DASS WIR SÜNDIGEN. UNSERE ANGST MÖCHTE, DASS WIR AUFGEBEN. UNSER GLAUBEN MÖCHTE, DASS WIR VORANGEHEN.

Angst möchte, dass ich resigniere und mich mit einem mittelmäßigen Leben in Anonymität und Niedergeschlagenheit abfinde. Mein Glauben aber ermutigt mich, aufzustehen, die vergangenen Dinge zu vergessen und mit Hoffnung auf das zu schauen, was vor mir liegt, weil ich darauf vertrauen kann, dass der Herr in der Lage ist, das zu tun, was er verheißen hat: Und das ist, dass er seine Stärke in meiner Schwachheit offenbaren möchte.

TEIL 2: Theologische und praktische Anmerkungen

1 Begriffsdefinition

Im Englischen gibt es seit längerem neben dem Begriff "Homosexuality" (Homosexualität) auch den Begriff "Same-Sex Attraction" (abgekürzt "SSA"), der wohl am besten mit "Gleichgeschlechtlicher Zuneigung" übersetzt werden kann. Im deutschen Sprachgebrauch hat sich dieser Begriff bisher nicht so recht etablieren können, aber so künstlich es auch zu sein scheint, täte es der Diskussion gut, diesen Begriff auch im Deutschen zu verwenden. Denn, obwohl die beiden Begriffe im Englischen häufig noch als Synonyme angesehen werden, wird es doch mehr und mehr bekannt, dass es sich dabei um zwei verschiedene Dinge handelt, die zwar Hand in Hand gehen können, die aber auch von einander abgrenzbar sind, denn "Zuneigung" muss nicht auch sexuelles Verlangen beinhalten. Es ist Gottes Design, dass wir *alle* eine Zuneigung für Menschen beider Geschlechter haben. Diese Zuneigung sollte jedoch unter Kontrolle gehalten werden, und somit nicht zwangsläufig zu sexuellen Gedanken oder Taten führen muss. Gott hat uns so geschaffen, dass wir uns zu verschiedenen Menschen hingezogen fühlen. Dementsprechend wählen wir unsere Freunde und auch unsere Ehepartner aus. Ich habe im ersten Teil dieses Buches beschrieben, wie befreiend es für mich war, als ich diese Lehre von der "Gabe der Zuneigung" das erste Mal hörte.[13] Nur die Sexualisierung der Zuneigung ist sündhaft, nicht die Zuneigung an sich. Es ist nicht teuflisch, zu bemerken, dass jemand schön oder hübsch ist, oder sich von einem sympathischen, jungenhaften Lächeln angezogen zu fühlen. Irgendwie finden wir doch alle solche Merkmale attraktiv, da sie von Freude und Leben zeugen. Und wir sollten uns auch von Natur aus dazu hingezogen fühlen, da sie ein Ausdruck von Gottes Kreativität, Schönheit und Charakter sind. Irenäus[14] sagte: "Die Herrlichkeit Gottes wird durch Menschen sichtbar, die völlig zum Leben erwacht sind."[15] Wenn dem so ist, und ich denke wirklich, dass

---

[13] Siehe Dean Sherman: *Beziehungen: Der Schlüssel zu Liebe, Sex und allem anderen* YWAM Publishing 2007.
[14] Irenäus von Lyon gilt als einer der bedeutendsten Theologen des 2. Jahrhunderts und einer der ersten systematischen Theologen des Christentums.
[15] In Englisch "The Glory of God is man fully alive." Zitiert bei John Eldredge in seinem Buch *Waking the Dead*, Thomas Nelson Publishers 2003.

Irenäus hier richtig lag, wäre es dann nicht seltsam, wenn wir uns *nicht* zu jemandem hingezogen fühlen, der "völlig zum Leben erwacht" zu sein scheint? Das Problem ist natürlich, dass unsere Maßstäbe von Medien und Gesellschaft beeinflusst worden sind, so dass wir uns gelegentlich aus den falschen Gründen zu jemandem hingezogen fühlen (ich denke nicht, dass Irenäus an eine durchtrainierte Bauchmuskulatur gedacht hat…).

Als Kind dachte ich, dass die bloße Tatsache, dass ich einige Jungs attraktiv fand, automatisch bedeutete, ich sei homosexuell. Die Tatsache war jedoch, dass ich lediglich ein ungestilltes Bedürfnis hatte, ein legitimes Verlangen nach Intimität, von welchem ich glaubte, dass es nur durch einen homosexuellen Lebensstil gestillt werden könnte. Auf diese Weise wurden homosexuelle Gedanken ein Teil der gleichgeschlechtlichen Zuneigung, aber sie waren nicht synonym. Wenn wir die Begriffe "Gleichgeschlechtliche Zuneigung" und "Homosexualität" auf diese Weise voneinander unterscheiden, wird offensichtlich, dass eine gleichgeschlechtliche Zuneigung zur Ehre Gottes freigesetzt werden kann.

2 Homosexualität in der Bibel

Die Bibel macht es sowohl im Alten wie auch im Neuen Testament sehr deutlich, dass praktizierte Homosexualität Sünde ist. Das Zeugnis der Schrift ist überwältigend, aber dies ist nicht der richtige Platz für eine erschöpfende Erörterung der einzelnen Stellen. Hier soll es genügen, zwei Schriftstellen anzuführen, eine aus dem Alten Testament, eine aus dem Neuen Testament:

> "Und bei einem Mann sollst du nicht liegen, wie man bei einer Frau liegt: Ein Gräuel ist es."
> Levitikus (3. Mose) 18:22

> "Habt ihr vergessen, dass für Menschen, die Unrecht tun, in Gottes neuer Welt kein Platz sein wird? Täuscht euch nicht: Wer verbotene sexuelle Beziehungen eingeht, andere Götter anbetet, die Ehe bricht, wer sich von seinen Begierden treiben lässt und homosexuell verkehrt, wird nicht in Gottes neue Welt kommen; auch kein Dieb, kein Ausbeuter, kein Trinker, kein Gotteslästerer oder Räuber."
> 1. Korinther 6:9-10 (Hoffnung für alle)

Römer 1:18-27 spricht ebenfalls ausführlich über dieses Thema. Es gibt viele liberale Herangehensweisen an die Schrift, die die Bibel so auslegen, als ob Homosexualität in Ordnung wäre. Wer die Bibel so liest, hat jedoch das

Fundament biblischen Glaubens an den Gott, der das Universum erschaffen hat, verlassen. Dieses Buch hingegen wurde in der festen Überzeugung geschrieben, dass die Bibel in ihrer Gesamtheit göttlich inspiriert ist. Die Bibel ist also kein Buch, in dem Menschen versuchen, Gott und die Welt zu erklären, sondern es ist das Buch, in dem Gott selber, durch die von seinem Geist geleiteten Autoren, den Menschen Gott und die Welt erklärt. Als solches ist die Bibel also der ultimative Maßstab bezüglich Gott, ewigen Lebens, Moral, Sünde, Erlösung und aller anderen Dinge, zu denen sie Stellung nimmt. Falls du das nicht glaubst, kann ich dich nicht davon überzeugen. Ich verstehe dich aber, denn auch ich habe nicht immer so gedacht. Ich verstehe, dass manche Leute mich und andere, die diese Ansicht vertreten, für rückständig, altmodisch und engstirnig halten und uns vorwerfen, dass wir die Augen vor den sozialen Realitäten unserer Zeit verschließen würden. Aber mit diesen Vorwürfen kann ich gut leben.

Es wird häufig gesagt, dass die Bibel für Menschen geschrieben wurde, die vor 2000 Jahren gelebt haben und ihre Morallehren für die Menschen damals gut gewesen seien, aber heutzutage nicht mehr angewandt werden könnten. Die meisten Lehren der Bibel bezüglich

Moral unterschieden sich jedoch schon zur Zeit ihrer Entstehung radikal von den moralischen Standards der Gesellschaft der damaligen Zeit.[16] Götzendienst, Homosexualität und alle anderen Sünden waren in Gottes Augen damals genauso falsch wie sie es auch heute noch sind. Weder Gott noch die Menschheit haben sich verändert!

Die gute Nachricht ist, dass Homosexualität nur eine von *vielen* Sünden ist, die in der Bibel erwähnt werden, und es gibt eigentlich keine Rechtfertigung dafür, ihr einen besonderen Status zu verleihen. In 1. Korinther 6:9-10 werden homosexuelle Übertreter im selben Atemzug mit anderen sexuell unmoralischen Menschen genannt, ebenso wie gierige Leute, Trunkenbolde, Lügner und Faulpelze.

Während die Bibel keinen Zweifel an der Sündhaftigkeit aller dieser Aktivitäten lässt und Menschen überall dazu auffordert, umzukehren und alle Sünden hinter sich zu lassen, scheint Homosexualität sowohl innerhalb als auch außerhalb der Gemeinde besondere Aufmerksamkeit zu bekommen. Die Anzahl der

---

[16] Interessanter Weise lässt es sich jedoch vermerken, dass Homosexualität auch im Hinduismus, im Buddhismus und im Islam als sündhaft gilt. Ich denke, dies ist eine Bestätigung von Römer 2:14-15, wonach alle Menschen, in allen Kulturen und zu allen Zeiten eine Ahnung vom Gesetz Gottes haben.

Betroffenen alleine kann diese Sonderbehandlung meines Erachtens nicht rechtfertigen. Es gibt vermutlich wesentlich mehr Trunkenbolde als Homosexuelle auf der Welt, aber ich habe noch von keinem ernsthaften Versuch von Theologen oder Pastoren gehört, Trunkenheit von der Liste der Sünden zu streichen.

Es scheint offensichtlich, dass Homosexualität andere Wurzeln hat als, sagen wir einmal, ein Verlangen nach Schokolade oder nach Burgern. Nehmen wir mal an, ich würde gerne Burger essen (was ich in der Tat tue), und dann würde ich in der Bibel lesen, dass das Essen von Burgern eine Sünde sei, reichte das für mich aus, nie wieder Burger essen zu wollen. Es wäre egal, was andere, meine Familie, die Medien, die Gesellschaft oder Wissenschaftler dazu sagen würden. Das Wort Gottes sagt es, also glaube ich es. Wenn ich jedoch nun, auch nachdem ich weiß, dass es Sünde ist, feststelle, dass ich eigentlich doch gerne einmal wieder einen Burger essen würde, sollte ich mir Zeit nehmen, etwas tiefer zu schauen, um herauszufinden, warum ich immer noch ein Verlangen nach Burgern habe und was ich tun kann, um dieses Verlangen in mir zu überwinden, damit ich nicht sündige.

So ähnlich bedarf es, wenn wir als Gemeinde Menschen mit homosexueller Neigung wirklich helfen wollen, etwas mehr Mitgefühl und eines tiefergehenden Ansatzes als eines oberflächlichen "Die Bibel sagt es so!" Dieses Buch versucht, dazu einen Beitrag zu leisten.

3 Nutzen und Grenzen von Seelsorge

Über den Ursprung von homosexuellen Gefühlen gibt es viele Theorien. Während liberale[17] Theologen zumeist argumentieren, Gott habe die Menschen so geschaffen, und viele Nichtchristen glauben, Homosexualität sei genetisch bedingt, gibt es auch in der evangelikalen Gemeinschaft viele Versuche zu erklären, warum sich manche sexuell zu ihrem eigenen Geschlecht hingezogen fühlen. Die Liste der Ursachen beinhaltet:

- Sexueller Missbrauch in der Kindheit;
- Problematische Beziehung mit dem Vater (bei Männern) oder der Mutter (bei Frauen);
- Mangel an emotionaler Zuwendung und Unterstützung von Erwachsenen des eigenen Geschlechts.

Dementsprechend wird die ideale Lösung für Menschen mit homosexuellen Gefühlen darin

---

[17] Ich beziehe mich mit dem Begriff "liberal" nicht auf eine bestimmte Gruppe oder Vertreter von bestimmten Lehrmeinungen, sondern generell auf diejenigen, die eine wörtliche Auslegung der gesamten Bibel ablehnen.

gesehen, mit Hilfe von Seelsorge und innerer Heilung eine vollkommene Umorientierung ihrer Sexualität zu erreichen, so dass sie heiraten und bis an ihr Lebensende glücklich leben können. Klingt doch gut, oder? Zu gut für viele, die sich auf diesen Weg zur Veränderung aufgemacht haben, nur um festzustellen, dass sich kaum etwas verändert, so sehr sie auch Gott darum bitten oder sich bemühen.

Verstehe mich bitte nicht falsch: Ich bin keineswegs gegen Seelsorge oder innere Heilung. Auch möchte ich das Zeugnis von denen, die von umfassender Veränderung oder sogar vollkommener Freiheit von homosexuellen Gefühlen berichten, in keiner Weise anzweifeln. Ich bin nicht gegen Gruppen, Bücher oder einzelne Personen, die denjenigen Hilfe anbieten, die Veränderung wollen. Ganz im Gegenteil: Ich habe selber vom Dienst vieler Seelsorger, der Hilfe von Kleingruppen und von Büchern profitiert. Einige von ihnen habe ich im Anhang aufgeführt und ich möchte dich ermutigen, von diesen und anderen Stellen, die Hilfe anbieten, Gebrauch zu machen. Ich denke sogar, dass es *jedem* Christen helfen würde, wenn er sich einmal mit den Themen auseinandersetzt, die als Ursachen von Lust und Sucht angesprochen werden. Denn diese

Probleme sind ja nicht beschränkt auf Personen, die mit homosexuellen Gefühlen kämpfen, sondern sind auch unter "normalen" Christen sehr häufig. Seelsorge kann jedem helfen, suchtartige Abhängigkeiten (z.B. Pornografie) zu überwinden, denn die Auslöser für diese Probleme sind für alle eigentlich die selben, wenngleich das *Objekt* der Sucht unterschiedlich ist.

Wie dem auch sei, ich glaube nicht, dass es jemanden gibt, weder heterosexuell noch (ex-)homosexuell, der behauptet, dass er/sie zu einem Zeitpunkt ein für alle Mal von allen Kämpfen und Versuchungen frei geworden ist. Keiner von uns wird den Punkt erreichen, an dem er/sie nicht mehr versucht werden kann.

Seelsorge und innere Heilung sind großartige Wege, mit Dingen in der Vergangenheit umzugehen, aber sie können nicht andere Aspekte des christlichen Lebens ersetzen, wie z.B. geistlichen Kampf, Nachfolge, Disziplin und auch die in diesem Buch angesprochenen Themen der anhaltenden Auseinandersetzung zwischen unser alten Natur (dem Fleisch), die Realität von Versuchung und den Umgang mit unseren verschiedenen Schwächen.

Mit diesen Einschränkungen können Seelsorge, innere Heilung, Bücher, Rechenschaftsgruppen, usw. enorm viel Gutes bewirken. Was ich bezweifele, und persönlich auch in meinem Leben nicht mehr erwarte, ist dass ich eines Tages irgendwie den Punkt erreichen werde, wo ich sagen kann, dass homosexuelle Gefühle für mich überhaupt keine Versuchung mehr darstellen oder dass ich stattdessen anfangen würde, für Versuchungen heterosexueller Art anfällig zu werden. Es ist nie Gottes Lösung, eine Sünde mit einer anderen zu ersetzen, selbst, wenn einige Leute mir ernsthaft empfohlen haben, als Teil des Heilungsprozesses "normale" Pornografie anzuschauen. Um es mal so zu sagen: Ich bin dankbar dafür, dass ich kein Problem mit *dieser* Art von Lust habe und ich finde in der Schrift keine Ermutigung dazu, dafür zu beten, dass der Herr mir ein Problem geben sollte, wovon Millionen von Christen auf der ganzen Welt gerne befreit werden würden.

Ich denke, John Forbes, ein Freund der früher ein praktizierender Homosexueller war und nun weltweit Seminare veranstaltet, um Gemeinden zu helfen, das Thema Homosexualität besser zu verstehen, hat Recht, wenn er sagt: "Ein Homosexueller ist nicht zur Heterosexualität berufen, sondern zur Heiligkeit."[18] Diese

Wahrheit nimmt denjenigen, die sich sexuell zu ihrem eigenen Geschlecht hingezogen fühlen, eine Menge Druck weg. Statt zu versuchen, ihre sexuelle Orientierung zu verändern, wird Heiligkeit zum Ziel gesetzt. Und dieses Ziel ist offensichtlich für alle Gläubigen dasselbe, egal, von welchem Hintergrund man kommt.

Während Elemente wie sexueller Missbrauch, problematische Beziehungen mit den Eltern oder der Mangel an emotionaler Unterstützung tatsächlich einen Teil zur Entwicklung einer homosexuellen Neigung beitragen mögen, so glaube ich doch nicht, dass sie eine ausreichende Erklärung darstellen, und folglich verfehlt dieser Ansatz es oft, die versprochenen Ergebnisse zu liefern. Sicherlich, einige, die mit homosexuellen Gefühlen kämpfen, können den einen oder anderen dieser Punkte in ihrer Vergangenheit identifizieren. Aber das können auch manche Personen, die mit heterosexueller Lust zu kämpfen haben. Andererseits gibt es Menschen mit einer homosexuellen Neigung, die mit keinem der genannten Faktoren besondere Schwierigkeiten hatten. Für sie muss es geradezu wie eine Beleidigung erscheinen, wenn

---

[18] John Forbes in "Homosexuality, The Church & You," erhältlich auf DVD von Seat of Mercy Ministries, Idaho Falls, Idaho, USA.

man andeutet, dass sie in ihrer Kindheit eventuell missbraucht wurden oder dass irgendetwas in dem Umfeld, in dem sie aufwuchsen, falsch war.[19] Es sieht so aus, als ob manche evangelikale Seelsorge, genauso wie weltliche psychologische Ansätze, die Verantwortung für gewisse Probleme, Kämpfe und Charakterzüge auf das Umfeld, vor allem auf die Eltern und in unserem Fall insbesondere auf den Vater, schieben möchte. Ich glaube jedoch, dass man damit dem Problem (und auch den Vätern) nicht gerecht wird.

Im Folgenden werde ich mich auf drei verschiedene Aspekte konzentrieren, deren Verständnis ich für entscheidend halte, um mit homosexuellen Begehren und gleichgeschlechtlicher Zuneigung umzugehen:

1. die sündhafte Natur des Menschen;
2. Satans Lügen;
3. Gottes Design.

---

[19] Niemand von uns hatte perfekte Eltern. Zu einem gewissen Grad haben wir also alle irgendwelche Probleme und Wunden, die der Herr heilen kann und will, obwohl sie keine allzu großen Hindernisse in der Nachfolge darstellen. Einige Dinge jedoch, wie etwa Missbrauch oder Vernachlässigung können zweifellos tiefere Wunden hinterlassen, die von Menschen behandelt werden sollten, die wissen, was sie tun.

Jeder dieser drei Aspekte erfordert eine sehr unterschiedliche Vorgehensweise. Der erste Aspekt, die sündhafte Natur des Menschen, erfordert von uns, umzukehren und sie zu töten. Der zweite Aspekt, die Lügen Satans, erfordert von uns, zu kämpfen und die Lügen durch die Wahrheit des Wortes Gottes zu ersetzen. Und der dritte Aspekt, Gottes Design, erfordert von uns, demütig zu sein und unsere Schwäche als einen Teil von Gottes Plan für unser Leben zu akzeptieren.

4 Versuchung – Ein normaler Teil des christlichen Lebens

Ich glaube, es gibt unter vielen Christen ein großes Missverständnis. Viele Leute scheinen zu meinen, dass es Sünde sei, versucht zu werden. Aber das ist mit Sicherheit nicht so. Wenn es so wäre, dann wären wir immer noch verloren in unserer Sünde, ohne Hoffnung auf Erlösung, denn Jesus Christus selber wurde versucht. Jesus wurde sogar mehr versucht als ein jeder von uns es je sein wird, denn die Schrift sagt, dass er auf jede (!) Weise versucht wurde:

> MEINE IDENTITÄT IST NICHT IN DEM, WAS MICH VERSUCHT, SONDERN IN DEM, DER MICH ERSCHAFFEN HAT.
> JOHN FORBES

"Denn wir haben nicht einen Hohenpriester, der nicht Mitleid haben könnte mit unseren Schwachheiten, sondern der in allem in gleicher Weise wie wir versucht worden ist, doch ohne Sünde."

Hebräer 4:15

Jesus wurde in *allem* versucht, auf dieselbe Weise wie wir. Nicht nur in einem Bereich, sondern jede erdenkliche Versuchung war ihm bekannt. Es gibt keine Versuchung, die Jesus nicht begegnet wäre. Das bedeutet, dass er versucht war, seine Eltern anzulügen, ein

Spielzeug von seinem Nachbarn zu stehlen, den auf die Nerven gehenden Jungen in seinem Dorf zu verprügeln, oder seine Autorität als Sohn Gottes zu missbrauchen. Und das bedeutet auch, dass er sexuell versucht wurde, inklusive homosexuell.

Der Gedanke, dass Jesus es als Versuchung gesehen haben könnte, homosexuelle Handlungen auszuführen, ist für viele Christen anstößig. Ohne es so zu sagen, argumentieren sie, dass Jesus nur von "schönen" Sünden versucht wurde. Vielleicht den Sünden, die in unserer heutigen christlichen Kultur in unseren Gemeinden mehr akzeptabel sind? Aber mal ehrlich: Sind vorehelicher Geschlechtsverkehr, Völlerei und Steuerhinterziehung harmlose Sünden, denen Jesus eventuell widerstehen musste, während es andere Kategorien von Versuchungen gibt, von denen es undenkbar ist, dass Jesus ihnen jemals ausgesetzt war? Wo sollten wir da die Trennlinie ziehen? Jesus wurde in *allem* versucht wie wir. Aber er sündigte niemals. Wirklich nie, nicht ein einziges Mal!

Wenn das so ist, dann führt uns einfache Logik zu dem Schluss, dass es nicht Sünde sein kann, versucht zu werden.

Praktisch bedeutet das:

- Wenn du versucht würdest, jemanden umzubringen, wärst du (noch) kein Mörder.

- Du magst zwar hin und wieder in Versuchung geraten, zu lügen, aber das macht dich (noch) nicht zum Lügner.

- Du magst in eine Situation gelangen, in der du für einen Augenblick daran denkst, etwas zu stehlen, aber deswegen bist du (noch) kein Dieb.

Nur, wenn du der Versuchung nachgibst und sie in Gedanken weiterdenkst oder sie tatsächlich ausführst, machst du dich der Sünde schuldig. Folgerichtig bist du, wenn du versucht bist, nach jemandem des eigenen Geschlechts zu lüsten, (noch) nicht der Sünde der Homosexualität schuldig solange du dieser Versuchung nicht in deinen Gedanken nachgehst oder sie in irgendeiner Weise ausübst.[20]

---

[20] Ich stimme jedoch Nick Roen zu, der zu bedenken gibt, dass es unmöglich sei festzustellen, wann genau wir die Linie zwischen Versuchung und Sünde überschritten haben; Nick Roen in *Is It Sin To Experience Same-Sex Attraction?* http://www.desiringgod.org/blog/posts/is-it-sin-to-experience-same-sex-attraction.

Da Jesus, unser Meister, versucht wurde und kein Schüler größer ist als sein Meister (siehe Johannes 13:16), können wir absolut sicher sein, dass auch wir alle versucht werden. Im Unterschied zu Jesus lässt uns Römer 3:23 jedoch nicht darüber im Unklaren, dass wir alle gesündigt haben.

Ist es möglich, ein sündloses Leben zu führen?

Sowohl der Apostel Paulus als auch der Apostel Johannes gehen sehr ausführlich darauf ein, die Beziehung zwischen Sünde und Versuchung zu erklären. Übereinstimmend sagen sie, dass wir, nachdem wir durch Gottes Gnade gläubig und wiedergeboren wurden, die Gnade Gottes nicht als eine Entschuldigung dafür verwenden sollten, weiter zu sündigen (siehe z.B. Römer 6:1 und 1. Johannes 5:18). Trotzdem ist es nur mit einigen Kunstgriffen möglich, aus den Schriften von Paulus und Johannes ableiten zu wollen, dass wir auch nach der Errettung vollkommen sünd- und tadellos leben könnten. Wir sollten uns natürlich darum bemühen, heilig zu sein (Hebräer 12:14) und Perfektion anstreben (Philipper 3:12-14), aber wenn wir in Sünde fallen, sollten wir eigentlich darum gar kein großes Aufheben machen. Die Schrift sagt einfach, dass wir, wenn wir sündigen, unsere Sünden bekennen sollen und dann reinigt Jesus uns von aller Ungerechtigkeit (1. Johannes 1:9). Ich mag die Ausgewogenheit, mit der Johannes uns einerseits zur Heiligkeit anspornt, uns andererseits jedoch Hoffnung für den Fall macht, dass wir wieder einmal auf die Nase fallen:

> "Meine Kinder, ich schreibe euch dies, damit ihr nicht sündigt; und wenn jemand sündigt - wir haben einen Beistand bei dem Vater: Jesus Christus, den Gerechten."
>
> 1. Johannes 2:1

Nun müssen wir natürlich aufpassen, nicht vorschnell zu resignieren und bestimmte Sünden einfach weiterhin in unserem Leben tolerieren. Es ist zwar richtig, dass wir alle weiterhin Versuchungen ausgesetzt sein werden, aber wir *müssen* nicht sündigen:

> "Gott aber ist treu, der nicht zulassen wird, dass ihr über euer Vermögen versucht werdet, sondern mit der Versuchung auch den Ausgang schaffen wird, so dass ihr sie ertragen könnt."
>
> 1. Korinther 10:13

Versuchung wird für jeden eine Realität bleiben, aber wir können und sollten gewiss lernen so mit ihr umzugehen, dass wir ihr nicht nachgeben. Wir haben nicht alle dieselbe Schwachstelle, aber wir müssen alle eingestehen, dass wir versucht werden können. Von daher müssen wir mit unserer Schwäche Frieden schließen. Das ist etwas völlig anderes als Frieden mit unserer Sünde zu schließen, wie es der Teufel und unsere alte Natur gerne hätten.

Sündigen heißt, Jesus zu verleugnen

Vor einigen Jahren überführte mich der Herr auf einfühlsame aber sehr nachhaltige Weise von einer zu lockeren Einstellung gegenüber der Sünde, als ich in einer stillen Zeit wieder einmal im 22. Kapitel des Lukasevangeliums von der Verleugnung Jesu durch Petrus las. Ich hatte gerade den 62. Vers zu Ende gelesen ("Und er ging hinaus und weinte bitterlich"), als ich den Herrn ganz deutlich zu mir sagen hörte: "Toby, du verleugnest mich!" Ich war erstaunt, denn obwohl ich den Herrn laut und deutlich gehört hatte, verstand ich nicht, was er meinte. Schließlich hatte ich doch niemals verleugnet, ein Nachfolger Jesu zu sein, wann immer mich jemand gefragte hatte, ob ich ein Christ sei. So sagte ich dem Herrn, dass ich nicht verstehen würde, wie er das meinte. Der Herr erläuterte mir: "Du verleugnest mich jedes Mal, wenn du unreinen Gedanken Raum gibst. Wenn du das tust, verleugnest du, dass meine Kraft ausreichen würde, dich dazu zu befähigen, diesen Gedanken zu widerstehen!" Ich verstand sofort. Vollkommen entwaffnet, ohne jede

Ausrede, stand ich da – überführt von meiner Sünde.

Manchmal ist es so bequem, in einem Moment der Schwäche zu denken, dass der Herr uns schon verstehen wird und uns ja auch vergeben wird, und dass es schon in Ordnung wäre, nur ein ganz bisschen zu sündigen. Ja, er versteht uns und er *wird* uns vergeben, aber das macht es niemals richtig, in unserer Sünde fortzufahren.

Nachdem der Herr mir erklärt hatte, dass ich ihn verleugnen würde, war es, als ob er direkt in *meine* Augen schaute, so wie er damals Petrus in die Augen gesehen hatte, nachdem dieser ihn dreimal verleugnet hatte. Und, genau wie Petrus, begann ich bitterlich zu weinen.

Gott diszipliniert seine Kinder!

Der Herr rügt uns nicht, um uns zu verurteilen, sondern um uns von Sünde zu überführen und zur Umkehr zu bringen. Und ich bin so froh, dass er es nicht bei dieser Rüge beließ. Denn er sagte weiter, wieder ganz deutlich: "Ich wusste, dass du dies tun würdest, aber ich habe dich trotzdem erwählt, weil ich dich liebe." Ich weinte ja eh schon, aber nun flossen meine Tränen wie noch nie.

Ich wünschte, ich könnte sagen, dass es mir seit dieser eigentlich ganz normalen, aber bemerkenswerten "stillen Zeit" einfach gefallen wäre, siegreich zu leben. Ich befürchte jedoch, dass ich den Herrn nach diesem Erlebnis öfter verleugnet habe als davor. Manchmal wünschte ich, dass er mir diese Dinge nie gesagt hätte, denn es fühlte sich manchmal an wie ein Freibrief. Es tut so gut zu wissen, dass der Herr uns auch dann liebt, wenn wir sündigen, aber wir müssen uns daran erinnern, dass unsere Sünde dennoch Konsequenzen haben wird:

> "Ihr habt im Kampf gegen die Sünde noch nicht bis aufs Blut widerstanden und habt die Ermahnung vergessen, die zu euch als zu Söhnen spricht: "Mein Sohn, schätze nicht gering des Herrn Züchtigung, und ermatte nicht, wenn du von ihm gestraft wirst! Denn wen der Herr liebt, den züchtigt er; er schlägt aber jeden Sohn, den er aufnimmt." Was ihr erduldet, ist zur Züchtigung: Gott behandelt euch als Söhne. Denn ist der ein Sohn, den der Vater nicht züchtigt? Wenn ihr aber ohne Züchtigung seid, deren alle teilhaftig geworden sind, so seid ihr Bastarde und nicht Söhne."
>
> Hebräer 12:4-8

Niemand ist zu bedeutend

Ich erinnere mich gut daran, wie ich als Leiter eines Dienstes in Chiang Mai, Thailand, dachte, dass ich so wichtig für Gott sei, dass er mich schon damit davon kommen lassen würde, unangemessene Webseiten anzuschauen. Irgendwie dachte ich, dass ich sogar ein Recht dazu hätte, so zu sündigen, denn meine Pläne, zu heiraten, hatten sich zerschlagen und Gott würde doch meine Nöte, meinen Schmerz und meine Einsamkeit verstehen... Gewiss würde er Hebräer 12 für mich nicht anwenden, oder? Nein, falsch! *Niemand* wird je so bedeutend für Gott sein, dass er mit Sünde einfach so davon kommt. Es ist gerade *weil* wir ihm wichtig sind, dass er uns züchtigt! Einer meiner Leiter sagte mir während meines "Exils im Gelobten Land", dass ich den Herrn um die strengst mögliche Disziplin bitten sollte. Das war ein Rat, wie ich ihn noch nie gehört hatte, aber im Lichte von Hebräer 12:11 macht er völlig Sinn:

> "Alle Züchtigung scheint uns zwar für die Gegenwart nicht Freude, sondern Traurigkeit zu sein; nachher aber gibt sie denen, die durch sie geübt sind, die friedvolle Frucht der Gerechtigkeit."
>
> Hebräer 12:11

Egal, welchen Versuchungen wir in unserem Leben auch begegnen, Jesus war mit ihnen vertraut und kann mit uns empfinden. Und genau diese Perspektive sollte uns ermutigen, in der Stunde unserer Not mit Zuversicht zum Thron der Gnade zu gehen, um Vergebung zu empfangen und Gnade zu finden, wie es

Hebräer 4:16 auf den Punkt bringt. Jesus hat niemals gesündigt, und er kann auch uns befähigen, zu aller Gottlosigkeit "Nein" zu sagen.

Leider sind Christen in vielen Kreisen nur als Menschen bekannt, die anderen sagen, was sie nicht tun sollten. Die Liste reicht von "Trinke nicht", "Tanze nicht", "Spiel nicht", bis zu "Habe keinen Sex vor der Ehe" und "Heirate keinen Menschen deines eigenen Geschlechts!" Während einige dieser Punkte von der Bibel her gesehen Freiraum zur Diskussion haben, sind andere nicht auf dem Verhandlungstisch. Es ist sicherlich richtig, Menschen außerhalb der Gemeinde über die biblischen Werte zu informieren. Was die Gemeinde meistens jedoch nicht sagt, wahrscheinlich, weil es auch unter Christen nur wenig bekannt ist, ist, dass es Gottes *Gnade* ist, die uns lehrt, zu allen zerstörerischen Dingen "Nein" zu sagen:

> "Denn die Gnade Gottes ist erschienen, heilbringend allen Menschen, und unterweist uns, damit wir die Gottlosigkeit und die weltlichen Begierden verleugnen."
> Titus 2:11-12

Wenn wir nur das Gesetz predigen, ohne Gnade, wird die Reaktion fast immer Rebellion sein. Und das ist so ziemlich das, was wir in der homosexuellen Bewegung sehen. Ich glaube, dass eine Gemeinde, die Jesus als jemanden darstellt, der ihre Versuchung versteht, unter Homosexuellen ein wesentlich effektiveres Zeugnis wäre als eine Gemeinde, die ihnen nur sagt, dass Homosexuelle in die Hölle kommen!

<u>Gott möchte, dass wir versucht werden!</u>

Wenn wir uns die Versuchung Jesu in der Wüste anschauen, sehen wir, dass der Heilige Geist ihn ganz bewusst dorthin führte, damit er versucht werden würde (siehe Matthäus 4:1)! Der Heilige Geist leitete ihn zwar dort hin, aber es war nicht der Heilige Geist, der den Herrn versuchte. Der Teufel tat das. So kann die Schrift richtig sagen, dass Gott niemanden versucht (siehe Jakobus 1:13), aber gleichzeitig sehen wir, dass Gott möchte, dass seine Leute versucht werden! Schließlich war es Gott, der den Baum der Erkenntnis von Gut und Böse im Garten Eden pflanzte. Gott *wollte*, dass Adam und Eva einer Versuchung begegneten. Aber auch hier gilt, dass Gott zwar Adam und Eva in ein Umfeld führte, in dem sie versucht werden konnten, aber es war nicht er, der sie versuchte – dafür war die Schlange verantwortlich!

Die Schrift sagt, dass Versuchung kommen *muss*, aber sie verspricht jedem, durch den sie daherkommt, strenge Bestrafung (siehe Matthäus 18:7). Während also das Ansehen von Pornografie im Internet zweifellos sündhaft ist, ist es eine noch ernstere Sünde, Pornografie zu veröffentlichen, damit andere sie anschauen können.

Aber *warum* möchte Gott, dass wir versucht werden? Die meisten evangelikalen Christen würden argumentieren, dass Gott uns einen freien Willen gegeben hat und er nicht möchte, dass wir ihm lediglich darum gehorchen, weil wir keine andere Wahl haben. Ich möchte auf einen anderen Aspekt hinweisen: Ich denke, dass einer der Gründe, warum Gott möchte, dass wir versucht werden, der ist, dass er jedes Mal geehrt wird, wenn wir einer Versuchung widerstehen! Wir wissen aus der Schrift, dass uns der Herr um Seines Namens Willen führt (siehe u.a. Psalm 23:3), und dass er in allem danach trachtet, verherrlicht zu werden:

> "Siehe, ich habe dich geläutert, doch nicht im Silberschmelzofen; ich habe dich geprüft im Schmelzofen des Elends. Um meinetwillen, um meinetwillen will ich es tun - denn wie würde mein Name entweiht werden!
> Und meine Ehre gebe ich keinem andern."
> Jesaja 48:10-11

"Elend" kann man auch mit "Leiden" übersetzen. Es gibt verschiedene Arten von

Leiden, aber die Bibel erwähnt eine Kategorie des Leidens, die dich vielleicht überrascht. Denn die Bibel betrachtet nicht nur physische Nöte als Leiden, sondern auch das Ertragen von Versuchung:

> "Denn worin er selbst gelitten hat, als er versucht worden ist, kann er denen helfen, die versucht werden."
> Hebräer 2:18

Dieser Vers spricht offensichtlich von Jesus. Drei Kapitel später, erklärt der Autor des Hebräerbriefes:

> "...und lernte, obwohl er Sohn war, an dem, was er litt, den Gehorsam."
> Hebräer 5:8

Wir sehen also, dass Versuchungen eine wichtige Rolle im Leben Jesu spielten: Er wurde nicht nur versucht, um uns besser verstehen zu können, sondern der Umgang mit Versuchungen war auch ein bedeutsames Element in seiner Beziehung zum Vater, das ihn Gehorsam lehrte. Auf diese Weise dienten Versuchungen also der Stärkung und Vertiefung der Beziehungen zwischen Vater und Sohn. Wenn Gott der Vater Versuchungen im Leben Jesu so gebrauchte, können wir davon ausgehen, dass er sie auch in unserem Leben auf ähnliche Weise verwenden will, egal, ob uns das gefällt oder nicht. Gott testet, "läutert" diejenigen, die zu ihm gehören um seines Namens willen, d.h. zu seiner Ehre, denn er möchte verherrlicht werden!

Nun macht es natürlich keinen Spaß, zu leiden, und so würde sich niemand freiwillig irgendwelchen Leiden unterziehen, es sei denn, dass man einen guten Grund dafür sieht. "Gott verherrlichen" klingt zwar ruhmreich, aber erscheint uns in der Art doch wenig attraktiv. Die "Herrlichkeit Gottes" ist für die meisten von uns eher etwas Abstraktes, und wir denken vielleicht sogar, dass Gott eigensüchtig und grausam sei, wenn er sein Ziel – *seine* Herrlichkeit – durch *unser* Leiden erreichen will. Wie passt das zusammen mit der Liebe Gottes für uns? Ist das nicht die zentrale Botschaft der Bibel, dass Gott Liebe ist und er die Welt so sehr geliebt hat, dass er seinen eingeborenen Sohn für uns gab? Die Antwort auf diese Frage ist eigentlich gar nicht schwer zu finden, aber sie scheint dennoch ein wohlbehütetes Geheimnis zu sein, welches nur wenige Christen wirklich verstanden und sich zu eigen gemacht haben. Johannes 15:8 gibt uns einen Hinweis darauf, wie wir dieses Problem lösen können:

> "Hierin wird mein Vater verherrlicht, dass ihr viel Frucht bringt und meine Jünger werdet."
>
> Johannes 15:8

Aha: Gott wird verherrlicht, wenn wir viel Frucht bringen. Wenn "Frucht" hierbei lediglich das Resultat unserer eigenen Anstrengung meinte, wie z.B. die Ernte, die ein Bauer einbringt, nachdem er in harter Arbeit gepflügt, gesät, gewässert und Unkraut gejätet hat, dann wäre das in der Tat eine schlechte Nachricht für uns. Aber die Frucht, über die Jesus hier spricht, wird uns vom Apostel Paulus im fünften Kapitel des Galaterbriefes näher erklärt:

> "Die Frucht des Geistes aber ist Liebe, Freude, Friede, Langmut, Freundlichkeit, Güte, Treue, Sanftmut und Enthaltsamkeit."
>
> Galater 5:22-23

Je mehr Liebe wir haben, desto mehr wird Gott verherrlicht! Je mehr Freude wir haben, desto mehr wird Gott verherrlicht! Je mehr Frieden wir haben... ich denke, du hast das Prinzip schon verstanden. Während viele Leute vielleicht Schwierigkeiten haben, Dinge wie Geduld oder Sanftmut als Werte in sich zu sehen, gibt es, denke ich, kaum jemanden, der nicht gerne mehr Liebe und Freude im Leben erfahren würde. Wenn wir nun die verschiedenen Teile dieses Puzzles zusammentun (prüfen/läutern, Versuchung, Leiden, Frucht und Gottes Herrlichkeit), können wir den Apostel Jakobus verstehen, wenn er schreibt:

> "Haltet es für lauter Freude, meine Brüder, wenn ihr in mancherlei Versuchungen geratet, indem ihr erkennt, dass die Bewährung eures Glaubens Ausharren bewirkt."
> Jakobus 1:2-3

Wenn es stimmt, dass die Person, die am meisten Liebe, Freude, Frieden usw. hat, Gott am meisten verherrlicht, dann ist Gott weder eigensüchtig noch grausam, wenn er seine eigene Herrlichkeit verfolgt. Statt zu sagen, dass Gott seine eigene Herrlichkeit sucht, wäre es genauso biblisch korrekt zu sagen, dass Gott danach strebt, dass wir so viel Liebe, Freude, Frieden, usw. wie möglich haben. Denn je mehr wir diese Frucht des Geistes haben, umso mehr wird Gott verherrlicht. John Piper hat den Nagel auf den Kopf getroffen, wenn er sagt: "Wir ehren Gott dann am meisten, wenn wir zutiefst in ihm zufrieden sind." [21]

Versuchungen widerstehen

Eine Versuchung, der wir nicht widerstehen, kostet uns erst einmal nichts und verursacht kein Leiden. Das *Widerstehen* einer Versuchung kann jedoch schwierig sein. Diejenigen, die

---

[21] John Piper in *Desiring God*, Multnomah Publishers 1996, S. 9. Diese Aussage ist auch das Motto von John Pipers Dienst und seiner Webseite www.desiringgod.org.

einfach ihren Instinkten folgen und nicht einmal versuchen, Versuchungen zu widerstehen, denen sie begegnen, werden naturgemäß über andere lachen, die Versuchungen als etwas Schwieriges und nicht Willkommenes ansehen. Das ist so, weil Menschen, die nicht neugeboren sind, geistlich tot sind und von daher den inneren Konflikt, von dem Galater 5:17 berichtet, nicht haben:

> "Denn das Fleisch begehrt gegen den Geist auf, der Geist aber gegen das Fleisch; denn diese sind einander entgegengesetzt..."
>
> Galater 5:17

Als Christen können wir also keine Sympathie von Nichtgläubigen erwarten, wenn wir ihnen von unseren inneren Kämpfen mit Sünde berichten. Christen jedoch sollten eigentlich Mitgefühl mit denen haben, die mit Versuchungen kämpfen, auch dann, wenn es sich um eine Versuchung handelt, mit der sie selber keine Schwierigkeiten haben. Leider sind wir jedoch in solchen Fällen oft sehr schnell dabei, andere zu verurteilen und auf sie herabzusehen, als ob der Betreffende selber schuld daran sei, dass er in einem bestimmten Bereich für Versuchungen anfällig ist. Ich denke, dies ist einer der Gründe dafür, dass es für viele, die mit homosexuellen Gefühlen kämpfen, so schwer ist, ihre Schwäche einzugestehen. Denn genau diejenigen, die sich eigentlich verständnisvoll und ermutigend zeigen sollten, wenden sich oft gegen sie oder lassen sie in ihren Nöten alleine und vergrößern auf diese Weise noch die Qual. Wenn wir jedoch das richtige Verständnis davon hätten, wofür Versuchungen in unserem Leben dienen, würden unsere Gemeinden ein Ort sein, wo diejenigen, die zu kämpfen haben, große Unterstützung und echtes Mitgefühl erfahren würden. Paulus erklärt:

> "Da wir nun gerechtfertigt worden sind aus Glauben, so haben wir Frieden mit Gott durch unseren Herrn Jesus Christus, durch den wir im Glauben auch Zugang erhalten haben1 zu dieser Gnade, in der wir stehen, und rühmen uns aufgrund der Hoffnung der Herrlichkeit Gottes. Nicht allein aber das, sondern wir rühmen uns auch in den Bedrängnissen, da wir wissen, dass die Bedrängnis Ausharren bewirkt, das Ausharren aber Bewährung, die Bewährung aber Hoffnung; die Hoffnung aber lässt nicht zuschanden werden, denn die Liebe Gottes ist ausgegossen in unsere Herzen durch den Heiligen Geist, der uns gegeben worden ist."
> Römer 5:1-5

Die in diesem Kapitel zitierten Bibelverse lehren, dass Gott Versuchung nicht nur erlaubt, sondern dass er sogar *möchte*, dass wir versucht werden, damit wir Gehorsam lernen und Ausharren, Charakter und Hoffnung in uns entwickeln – alles letztlich mit dem Ziel seiner Verherrlichung. Während ein Christ, der einer Versuchung widersteht, Gott verherrlicht, trifft auch das Gegenteil zu: Ein Christ, der einer Versuchung nachgibt, entehrt Gott. Und genau hier sieht der Teufel seine Gelegenheit, denn er möchte den Ruf Gottes zerstören um an seiner Stelle angebetet zu werden. Dagegen ist Gottes Verherrlichung ganz offensichtlich das letzte, was der Feind will, so dass er jedes Mal ein großes Risiko eingeht, wenn er einen erfahrenen Christen versucht. Ich denke, dass er sich darum manchmal für einige Zeit zurückzieht und auf einen günstigeren Zeitpunkt wartet (vgl. Lukas 4:13), aber er wird nie völlig aufgeben. Er wird auf einen schwachen Moment warten, selbst wenn es ein Jahr, zehn oder sogar fünfzig Jahre dauern sollte, bis er einen findet. Er vergisst mit Sicherheit nicht, welche Art von Versuchung für eine bestimmte Person in der Vergangenheit erfolgreich war und er kann sehr geduldig warten, bis sich die "richtigen" Umstände entwickeln. Das "Perfekte Sturm" Szenario also...

Von der Versuchung zur Sünde

"Niemand sage, wenn er versucht wird: Ich werde von Gott versucht. Denn Gott kann nicht versucht werden vom Bösen, er selbst aber versucht niemand. Ein jeder aber wird versucht, wenn er von seiner eigenen Begierde fortgezogen und gelockt wird. Danach, wenn die Begierde empfangen hat, bringt sie Sünde hervor; die Sünde aber, wenn sie vollendet ist, gebiert den Tod."

Jakobus 1:13-15

Wenn wir versucht werden, sollten wir nicht auf uns selbst herabsehen oder in Panik verfallen, als ob mit uns etwas nicht stimmen würde. Stattdessen sollten wir erkennen woher die Versuchung kommt: Irgendetwas appelliert an unsere Begierde, die ein Teil unserer alten Natur ist. Dieses "irgendetwas" kann etwas sein, das durch unsere Sinne wahrgenommen wird (z.B. Werbeplakate, die wir am Straßenrand sehen, Artikel, die wir in einem Magazin lesen, oder Worte, die wir hören), es kann jedoch auch eine in unserem Gedächtnis gespeicherte Erinnerung sein, oder auch dämonische Mächte, die auf uns Einfluss nehmen wollen. In allen diesen Fällen sind Lügen beteiligt, die letztlich alle von Satan ausgehen, den die Bibel auch den Vater der Lüge nennt (Johannes 8:44). Satan ist sehr geübt darin, uns glauben zu machen, dass wir Erfüllung finden würden, wenn wir einer Versuchung nachgeben. "Sollte Gott wirklich gesagt haben..." – das funktionierte bei Adam und Eva, und es funktioniert auch heute noch, ein paar tausend Jahre später. Der Unterschied ist, dass Satan alle diese Zeit zum Verbessern seiner Technik hatte und inzwischen ein hochqualifizierter Spezialist ist, während wir, zumindest als junge Christen – und mit Sicherheit als Nichtchristen – wie ein Erstklässler in Versuchungen hinein stolpern.

Satan lügt, um uns zu versuchen, aber alle seine Versuche würden fehlschlagen, wenn sie keinen fruchtbaren Boden in uns finden würden. Die zitierte Passage aus dem ersten Kapitel des Jakobusbriefes nennt diesen fruchtbaren Boden "unsere eigene Begierde." Wenn eine Versuchung auf eine innere Begierde trifft, wird etwas "empfangen", nämlich der Gedanke zu sündigen. In meiner im ersten Teil dieses Buches geschilderten Geschichte könnte man das mit dem Gedanken "Was es da wohl so gibt?" vergleichen, als mein Freund mir erzählte, dass jemand auf den Computern unseres christlichen Dienstes pornografisches Material angeschaut hatte. Der Gedanke "Was es da wohl so gibt?" war in sich noch keine Sünde, aber nachdem er auf die in mir vorhandene Begierde traf, brachte sie letztlich die Sünde hervor – ich schaute an, was es denn da so gab.

Die Natur der Sünde ist Verführung. Wir werden dazu verführt, zu glauben, dass wir eine Art von Erfüllung finden würden. Und das mag in der Tat auch so sein – kurzfristig gesehen! Aber jede Sünde hat ihren Preis. "Der Lohn der Sünde ist der Tod", sagt Römer 6:23. Letztendlich hat jede Sünde einen zerstörerischen Einfluss, sowohl auf die Person, die sündigt, als auch, in gewissem Grad, auf andere.[22] Wir mögen zwar einen Zusammenhang von Sünde und Problemen in unserem persönlichen Leben oder auch in unseren Familien, Gemeinden, Firmen bis hin zu ganzen Nationen verneinen. Aber Sünde öffnet immer die Tür für den Feind, und dieser kommt immer, um zu stehlen, zu zerstören und zu töten (siehe Johannes 10:10). Die einzigen Heilmittel gegen die Folgen von Sünde sind Buße, Umkehr und Vergebung. Ausreden lösen das Problem nie!

Vor Versuchung fliehen

Jetzt, wo wir wissen, warum Gott es zulässt, dass wir versucht werden, könnten wir zu der Schlussfolgerung kommen, dass wir uns so viel wie möglich verschiedenen Versuchungen

---

[22] Offensichtlich haben Sünden wie Mord oder Diebstahl negative Folgen für andere; Sünden, die nur in Gedanken vollbracht werden, haben jedoch keinen unmittelbaren Effekt auf andere.

aussetzen sollten. Wir könnten von der Bibel her argumentieren: "Je mehr Versuchungen ich widerstehe, umso mehr werde ich davon profitieren und umso mehr wird Gott verherrlicht werden."

Aber mit diesem Gedanken betreten wir natürlich gefährliches Territorium, denn wir können so unseren eigenen Fall geradezu selber provozieren. Andererseits ist es jedoch beinahe unmöglich, aller Versuchung aus dem Weg zu gehen. Da rund die Hälfte der Weltbevölkerung männlich ist, würde es mir sehr schwer fallen, einen Ort zu finden, an dem ich garantiert nicht in Versuchung geraten könnte. Der einzige Weg, Versuchungen völlig zu vermeiden, wäre es, als Einsiedler in der Wüste zu leben. Einige, die dieses getan haben, werden von manchen als "Heilige" verehrt, aber für mich zeugt ein solches Leben eher von Niederlage und Aufgeben. Auch Paulus hat nicht viel Gutes über solches Asketentum zu sagen, mit dem Menschen versuchen, durch eiserne körperliche Disziplin die Kontrolle über ihre alte Natur zu bekommen (siehe Kolosser 2:23). Jesus begegnete den Versuchungen in der Wüste nicht dadurch, dass er vor ihnen weglief, sondern indem er sich ihnen stellte und ihnen mit dem Wort Gottes entgegentrat. Ebenso sollten auch wir in der

Lage sein, Versuchungen zu widerstehen, wenn sie kommen.

Die Bibel erwähnt jedoch Situationen, in denen es das Weiseste zu sein scheint, einfach wegzulaufen. Das beste Beispiel dafür ist Josef, der von Potifars Frau davon lief, als diese versuchte, ihn zu verführen (1. Mose 39). Des Weiteren gibt es die bekannten Bibelstellen, in denen Jesus lehrt, dass es für einen Menschen besser sei, seine Hand abzuhacken oder sein Auge auszureißen, wenn diese ihn in Versuchung führen sollten, um so verkrüppelt in das Reich Gottes zu kommen, statt unversehrt in die Hölle geworfen zu werden (siehe Matthäus 5:30 und 18:8-9). Offensichtlich führen weder unsere Hände noch unsere Augen uns in Versuchung, sondern unser Herz, genauer gesagt, unsere alte Natur, die im Herzen gegen den Geist ankämpft. Der Punkt, den Jesus hier veranschaulicht, ist der, dass wir etwas dazu tun können, Versuchungen zu vermeiden. Wenn wir also zum Beispiel ein Problem mit Internetpornografie haben, müssen wir vielleicht unsere Computermaus oder unseren LED-Monitor wegwerfen, statt die Hand, die die Maus bedient bzw. die Augen, die auf den Monitor schauen…

Als Grundregel ist es immer eine gute Idee, den Herrn zu fragen, wie wir in der jeweiligen Situation reagieren sollen. Manchmal werden wir einfach dem Teufel widerstehen müssen (siehe Jakobus 4:7), ein andermal müssen wir eventuell unsere Gedanken auf aufbauendere Dinge richten (siehe Philipper 4:8).[23] Lobpreis kann ein sehr guter Weg sein, Versuchungen zu überwinden (siehe Epheser 5:19), und manchmal ist es tatsächlich das Beste, wirklich davonzulaufen (siehe 2. Timotheus 2:22). Es mag nicht immer mehrere Wege aus einer Versuchung geben, die wir gerade erfahren, aber Gott hat versprochen, dass es zumindest *einen* Ausweg gibt:

> "Gott aber ist treu, der nicht zulassen wird, dass ihr über euer Vermögen versucht werdet, sondern mit der Versuchung auch den Ausgang schaffen wird, so dass ihr sie ertragen könnt."
>
> 1. Korinther 10:13

---

[23] Eine Strategie den Feind ruhigzustellen sind sogenannte "Trigger Prayers," wobei man z.B. für einen christlichen Leiter betet, sobald man einer Versuchung begegnet. Der Feind hasst es, wenn wir für andere beten und wird uns bald in Ruhe lassen. Das funktioniert für einige Leute.

5 Gleichgeschlechtliche Zuneigung: Paulus' Dorn im Fleisch?

Nachdem der Apostel Paulus den Herrn dreimal darum gebeten hatte, seine Schwäche, den berühmten "Dorn im Fleisch", zu entfernen, versprach der Herr ihm, in seiner Schwäche stark zu sein (siehe 2. Korinther 12:7-9). Nun ist es etwas völlig anderes, in der Schwäche stark zu sein als keine Schwächen zu haben. Paulus führt den Gedanken weiter, indem er sagt, dass er sich gerne seiner Schwäche rühmen wollte, damit die Kraft Christi auf ihm ruhe (2. Korinther 12:10). Einige Kapitel vorher hatte er bereits herausgestellt, dass wir diesen Schatz in irdenen Gefäßen haben, um zu zeigen, dass die alles übertreffende Kraft von Gott kommt und nicht von uns (2. Korinther 4:7). Paulus schien sich seiner Schwäche so bewusst zu sein wie niemand anders.

Manche Gelehrte haben vorgeschlagen, der Dorn im Fleisch sei ein Problem mit dem Augenlicht des Paulus' gewesen. Das griechische Wort "sarx", das die englische New International Version (NIV) in 2. Korinther 12:7 mit "flesh" (also "Fleisch") übersetzt, kann jedoch auch mit "sinful nature" (also "sündhafter Natur") übersetzt werden. In der Tat kommt das Wort 147 Mal im Neuen Testament vor, wobei die NIV es 33 Mal mit "flesh" ("Fleisch"), 20 Mal als "body" ("Körper") und 23 Mal mit "sinful nature" ("sündhafter Natur") übersetzt. Das griechische Original lässt also die Möglichkeit dafür offen, dass der Apostel Paulus kein physisches Problem in seinem Körper beschrieb, sondern ein Problem bezüglich seiner alten Natur. Und ich denke, dass diese Übersetzung eher sowohl mit den restlichen Schriften des Paulus als auch der gesamten Lehre der Schrift übereinstimmt. Lass mich einmal versuchen, zu erklären.

Paulus schreibt in mehreren seiner Briefe viel über den Kampf zwischen der alten Natur und dem Geist, vor allem in Römer 7:14-25 und in Galater 5:16-25. Andererseits sagt er nirgendwo anders etwas über ein körperliches Gebrechen. Der Dorn im Fleisch war jedoch offensichtlich etwas womit er längere Zeit zu kämpfen hatte und das er schließlich als sein Problem akzeptieren musste, obwohl der Herr ihn davon zweifelsohne hätte befreien können, wenn er gewollt hätte. Ich glaube nicht, dass Paulus wegen eines nachlassenden Augenlichtes so viel Aufhebens gemacht hätte und den Herrn dreimal gebeten hätte, es wegzunehmen.

Ich kann außerdem auch nicht sehen, warum ein schlechtes Augenlicht ihn quasi halbautomatisch demütig gehalten hätte, denn kein gesundheitliches Problem produziert automatisch Demut. Sonst wären ja jede blinde Person und alle anderen Personen mit jedweder Krankheit oder Behinderung (inklusive Parkinsons...) als demütige Menschen bekannt, aber das ist sicherlich nicht der Fall. Wenngleich es viele wunderbare, demütige Kranke und Behinderte gibt, werden wir unter ihnen auch so manchen arroganten, stolzen, egoistischen und sturen Menschen antreffen. Die Erkenntnis der eigenen Sündhaftigkeit dagegen verfehlt nie, eine Demut zu produzieren, die Gott gefällt.

Ebenso halte ich es für einen ganz schönen Kunstgriff, eine Sehbehinderung einen "Boten Satans" zu nennen. Zwar können manche gesundheitliche Probleme dämonische Ursachen haben (so wie es z.B. in Lukas 13:11 berichtet wird), Paulus scheint jedoch eher auf einer mehr natürlichen Seite zu sein, wenn es darum geht, Heilungsmittel für Krankheiten zu suchen. So empfiehlt er z.B. dem Timotheus zur Linderung seiner häufigen gesundheitlichen Beschwerden, etwas Wein zu trinken (1. Timotheus 5:23). Es macht für mich wesentlich mehr Sinn, und ich denke, dass es mehr im Einklang mit der gesamten Lehre der Bibel ist, diesen satanischen Boten als eine Lüge des Feindes zu sehen, die aus irgendeinem Grund weiterhin für die alte Natur des Paulus attraktiv blieb. Wenn ich das Leben des Apostel Paulus betrachte, komme ich nicht darum herum, zu denken, dass er mit einer homosexuellen Neigung zu kämpfen hatte. Ich bin mir bewusst, dass viele Christen diesen Gedanken sehr anstößig finden, aber für mich sprechen die folgenden Indizien dafür:

- Paulus war nicht verheiratet, war also ein Single;

- er kümmerte sich sehr fürsorglich um jüngere Männer wie Timothäus, Titus und Onesimus;

- das häufige Erwähnen des Kampfes mit unserer alten, sündhaften Natur in seinen Schriften.

Ich möchte daraus kein neues Dogma ableiten, aber für mich macht dieser Gedanke wirklich Sinn, nicht zuletzt weil ich mich so mit seiner Beschreibung des inneren Kampfes identifizieren kann und auch mit seiner leidenschaftlichen Fürsorge für junge Männer, welche ich als Gottes Weg ansehe, die Gabe der gleichgeschlechtlichen Zuneigung in meinem Leben für seine Zwecke zu verwenden.

6 Unsere alte Natur und der Geist

Wenn du schon etwas länger ein Christ bist, hast du möglicherweise schon einmal probiert, zu fasten. Ich kenne Leute, die für 40 Tage gefastet haben und dabei nur Wasser und einige Säfte zu sich genommen haben. Ich selber habe bisher nie länger als 6 Tage gefastet, aber über einen Zeitraum von ungefähr 3 Jahren fühlte ich mich dazu geführt, jeden Montag zu fasten, um Gottes Willen für mein Leben zu suchen. Während ich mich meistens sogar auf diese Tage freute ("Hurra! Morgen muss ich nichts essen!"), so war es manchmal doch gar nicht so einfach, den ganzen Tag über diszipliniert zu sein. Etwas, das ich Ted Haggard sagen hörte, hat mir dabei sehr geholfen. Er berichtete von einer Begebenheit, in der er gerade fastete und feststellen musste, dass er sehr hungrig war. Er sagte, es fühlte sich an als wenn der Ankläger ihn verspotten würde, in dem er sagte "Siehst du, Ted, du willst doch eigentlich gar nicht fasten. Du möchtest etwas essen. Also lass das Fasten doch sein und iss etwas…" Teds einfache, ehrliche Reaktion darauf hat meinen Umgang mit meiner alten Natur geradezu revolutioniert – nicht nur in Bezug zum Fasten. Ted antwortete dem Ankläger: "Weißt du was? Du hast Recht!

Ich bin hungrig und würde liebend gerne etwas essen. Aber es gibt etwas, das ich noch lieber tun möchte, also werde ich weiterhin fasten."[24]

Ich denke, es ist diese Ehrlichkeit, ein Verlangen eingestehen zu können und gleichzeitig ein noch größeres Verlangen nach etwas anderem zum Ausdruck zu bringen, die die Stimme des Anklägers meistens sofort verstummen lässt. Wir können also dem Teufel gegenüber ehrlich sein und zugeben, dass ein Teil von uns der Versuchung Raum geben möchte, aber wir sollten es deutlich machen, dass ein anderer Teil in uns dies nicht tun will, und dass es *dieser* Teil ist, dem wir folgen werden.

Manchmal bedarf es vielleicht jedoch etwas mehr, den Feind von unserer Entschlossenheit zu überzeugen. Aber wir sollten nicht zu hart zu uns selber sein, falls wir trotz aller guten Vorsätze doch einmal fallen sollten. Paulus schreibt in Römer 7 über dieses Dilemma. Er schreibt dort, dass er das, was er tun möchte, nicht tut, und dass er das, was er nicht tun möchte, weiterhin tut. Wer hartnäckig bleibt,

---

[24] Die genaue Quelle dieser Aussage ist mir nicht mehr bekannt. Es könnte sein, dass Ted Haggard sie bei einer seiner Predigten in der New Life Church, Colorado Springs, USA, gemacht hat.

wird jedoch der Versuchung immer öfter erfolgreich widerstehen können. Es ist allerdings sehr wichtig, dass wir nicht versuchen, den Sieg über die Versuchung aus eigener Kraft zu bekommen, sondern dass wir dabei auf den Heiligen Geist vertrauen, der uns dazu befähigt:

> "Denn wenn ihr nach dem Fleisch lebt, so werdet ihr sterben, wenn ihr aber durch den Geist die Handlungen des Leibes tötet, so werdet ihr leben. Denn so viele durch den Geist Gottes geleitet werden, die sind Söhne Gottes."
> Römer 8:13-14

Manchmal mag es schwer sein, zu unterscheiden, ob wir Dinge im Geist oder im Fleisch tun, aber wir können eigentlich nichts falsch machen, wenn wir Gott für jeden Fortschritt, den wir machen, die Ehre geben und wenn wir ihm dafür danken, dass er uns überhaupt den Willen dafür gegeben hat, uns zu verändern:

> "Bewirkt euer Heil mit Furcht und Zittern! Denn Gott ist es, der in euch wirkt, sowohl das Wollen als auch das Wirken zu seinem Wohlgefallen."
> Philipper 2:12-13

Wir können uns also noch nicht einmal dafür auf die Schulter klopfen, dass wir überhaupt Veränderung wollen. Es ist eher so, dass die schlichte Tatsache, dass wir uns verändern wollen, ein Beweis dafür ist, dass der Herr ein gutes Werk in uns angefangen hat. Und wir können uns darauf verlassen, dass er dieses Werk auch vollenden wird (siehe Philipper 1:6). "Herr Jesus, bitte gib mir das Verlangen, mich zu ändern" sollte von daher unser erstes Gebet sein wann immer wir uns dabei ertappen, etwas Sündhaftes zu tun, natürlich neben dem Bekenntnis der Sünde an sich. Dies ist auch ein großartiger erster Schritt, wenn wir jemanden erreichen wollen, der in Sünde lebt: "Herr, bitte gib ihm/ihr das Verlangen, sich zu verändern!' Dieses Gebet wird mehr ausrichten als wenn wir die betreffende Person direkt mit ihrer Sünde konfrontieren würden!

Ist vollkommene Freiheit möglich?

Es ist wunderbar, Zeugnisse von Menschen zu hören, die sagen, dass sie absolut keine Probleme mehr mit Dingen haben, die sie früher in Gebundenheit hielten. Ich habe viele Christen getroffen, die früher Alkoholiker oder Drogenabhängige waren, die bezeugen, dass der Herr sie völlig davon befreit hat. Paulus hebt hervor, dass einige der Gläubigen in Korinth früher Homosexuelle waren, aber dass sie nun reingewaschen, geheiligt und gerechtfertigt seien (siehe 1. Korinther 6.9-11). Es ist eindeutig, dass die ehemaligen "Lustknaben" und "Knabenschänder"[25] nicht länger so handelten und ihre Identität nicht mehr in der Sünde fanden, die sie zuvor ausgeübt hatten. Sie waren eine neue Kreatur, mit einer neuen Identität in Christus. Dass bedeutet aber nicht unbedingt, dass sie nie wieder auch nicht die geringste Versuchung hatten, zu ihren alten, sündhaften Wegen zurückzukehren. Einige von ihnen mögen damit zu kämpfen gehabt haben, und vielleicht erinnerte Paulus sie gerade deswegen daran, dass sie nicht länger als Homosexuelle betrachtet wurden, sondern, dass sie sich stattdessen ihrer neuen Identität in Christus bewusst sein sollten.

Ist es nun also möglich, vollkommen von homosexuellen Versuchungen befreit zu werden? Natürlich! Für Gott ist *alles* möglich. Aber wird uns Gott 100 %-ig gegen Versuchungen immun machen? Ich denke, nicht. Wir mögen eine Zeit lang in völliger Freiheit leben, aber Paulus warnt diejenigen, die meinen, fest zu stehen, davor, dass sie vorsichtig sein sollten, so dass sie nicht fallen (siehe 1. Korinther 10:12)!

---

[25] So die Elberfelder Übersetzung. Die englische New International Version übersetzt "male prostitutes" (also männliche Prostituierte) und "homosexual offenders" (also homosexuelle Straftäter)

Selbstverleugnung ist erforderlich!

Wir sollten uns nie in Selbstmitleid und Verdammung suhlen, wenn wir ein Verlangen in uns bemerken, das uns zum Sündigen führen würde, wenn wir ihm nachgäben. Falls uns der Feind auch nicht zum Tun der Sünde bringen kann, so hat er doch seine Freude daran, wenn wir uns schäbig fühlen, sobald wir feststellen, dass uns ein Teil in uns zur Sünde verleiten möchte. Dieses Teil, wohlgemerkt, ist zwar tatsächlich ein *Teil* von uns, aber es ist genau der Teil, der mit Jesus gekreuzigt wurde (Römer 6:6), ja, der sogar mit ihm in der Taufe beerdigt wurde (Römer 6:4). Es ist der Teil, den wir uns selber verleugnen müssen:

> "Er sprach aber zu allen: Wenn jemand mir nachkommen will, verleugne er sich selbst und nehme sein Kreuz auf täglich und folge mir nach!"
>
> Lukas 9:23

Selbstverleugnung ist von *jedem* Nachfolger Christi gefordert, nicht nur von denen, die mit einer homosexuellen Neigung kämpfen. "Verleugnen" meint dabei nicht, so zu tun, als ob etwas gar nicht da wäre. Wenn die Bibel von Selbstverleugnung spricht, befiehlt sie uns, uns etwas vorzuenthalten, das ein Teil von uns gerne haben oder tun würde.

Moses Beispiel

Als jemand, der in Pharaos Familie aufgewachsen war, hatte Mose viele Möglichkeiten, ein luxuriöses, komfortables Leben mit Völlerei, Trinkgelagen und sündhafter Unterhaltung zu führen. Aber die Bibel sagt uns, dass er sich dem zeitlichen Genuss der Sünde verweigerte, weil er stattdessen auf die kommende Belohnung schaute (Hebräer 11:25). Mose war ein normaler Mann und als solcher, da bin ich mir sicher, hat sicherlich ein Teil in ihm im komfortablen Leben am Hofe Pharaos bleiben wollen. Aber es gab etwas, das er noch mehr wollte.

Um der verheißenen Freude willen

So froh ich auch darüber bin, als Teenager genug Wahrheit gewusst zu haben, um nicht in den homosexuellen Lebensstil einzutauchen, wünschte ich doch, dass ich gewusst hätte, dass es okay ist, eine Zuneigung für jemanden des eigenen Geschlechts zu haben. Es ist hypothetisch, darüber nachzudenken, wie sich mein Leben entwickelt hätte, wenn ich davon gewusst hätte. Tatsache ist, dass ich es *jetzt* weiß, aber trotzdem weiterhin eher für homosexuelle als für heterosexuelle Versuchung anfällig bin. Ich verstehe nicht, *warum* das so ist, aber letztlich ist es vollkommen egal. Jetzt kann ich mich entscheiden, ob ich meinen Gefühlen folgen will oder nicht. Das klingt vielleicht für einige etwas sadistisch, aber ich entscheide mich dazu, denn ich liebe mich selbst und die Person, zu der ich eine Zuneigung verspüre, zu sehr, als dass ich dem Verlangen meines Fleisches nachgeben würde. Jesus ertrug das Leiden am Kreuz nicht, weil er den Schmerz mochte, sondern um der vor ihm liegenden Freude willen. Ebenso wenig wird von uns verlangt, den Prozess der Selbstverneinung zu mögen. Wir verleugnen uns selbst, um der Freude willen, von der wir wissen, dass sie ein Resultat unserer Bemühungen sein wird. Niemand hält es für seltsam, wenn ein Sportler sich einem harten Training unterwirft und eine bestimmte Diät einhält um sich auf einen Wettkampf vorzubereiten. Aber während seine Anstrengungen *vielleicht* mit einer Medaille belohnt werden, vielleicht jedoch nicht, wissen wir, dass unsere Anstrengungen auf jeden Fall belohnt werden. Und ich bin sicher, dass unsere Anstrengungen nicht der Rede wert waren, verglichen mit der Herrlichkeit, die er uns offenbaren wird (siehe Römer 8:18). Es wird sich alles gelohnt haben!

So sollten wir, wenn wir mit einer homosexuellen Neigung zu kämpfen haben, nicht so tun, als ob diese Gefühle gar nicht da wären. Und wir sollten auch nicht so tun, als ob es absolut kein Vergnügen wäre, wenn wir diesem Verlangen nachgeben würden. Wir müssen uns jedoch manchmal daran erinnern, dass ein Nachgeben in der Versuchung negative Auswirkungen hat und andererseits ein Widerstehen der Versuchung enorme Vorteile bringt. Es hilft mit Sicherheit, ab und zu von einem Freund, einem Pastor oder von anderen Brüdern und Schwestern im Herrn daran erinnert zu werden. Aber von jemandem, der mit einer homosexuellen Neigung kämpft, zu erwarten, dass er "normale" oder "heterosexuelle" Verlangen haben sollte, ist so, als ob man von einem Leoparden fordern würde, seine Flecken im Fell zu ändern (siehe Jeremia 13:23).

Das Ziel in der Nachfolge ist nicht, seine alte Natur umzuerziehen, sondern, sie zu töten und an ihre Stelle die neue Kreatur zu setzen. Wenn wir auf Selbstverbesserung hoffen, sind wir auf den falschen Dampfer aufgesprungen. Wir sind dazu berufen, Jesus zu folgen, und das bedeutet, dass wir nun eine Kraft in uns haben, die sich dem Verlangen der alten Natur entgegenstellt, nämlich den Heiligen Geist. Vorher herrschte die alte Natur in uns, und sie herrscht noch immer in all' denjenigen, die den Geist Gottes nicht in sich haben:

> "Ich sage aber: Wandelt im Geist, und ihr werdet die Begierde des Fleisches nicht erfüllen. Denn das Fleisch begehrt gegen den Geist auf, der Geist aber gegen das Fleisch; denn diese sind einander entgegengesetzt, damit ihr nicht das tut, was ihr wollt."
>
> Galater 5:16-17

Ein großer Teil des Aktionismus der Gemeinde bezüglich Homosexualität scheint auf zwei falschen Grundannahmen zu beruhen: Zum einen wird vermutet, dass alle Menschen in sich die Überzeugung durch den Heiligen Geist haben, und folglich wissen sollten, dass Homosexualität nicht richtig ist. Ausgehend von dieser Grundannahme versucht die Gemeinde Homosexuelle zu erreichen. Wenig überraschend, trifft sie damit nicht auf sehr viele offene Herzen.

Zum anderen wird davon ausgegangen, dass ein bekehrter Mensch keine alte Natur mehr in sich hat und er sich von daher zusammenreißen kann und "straight" (also heterosexuell) und/oder "so wie Gott es sich gedacht hat" sein kann. Danke für diesen Rat: Ich würde liebend gerne so sein, wie Gott mich haben will. Ich möchte Menschen so anschauen, wie er es will. Ich möchte so mit ihnen reden, wie er es will.

Ich möchte so über sie denken, wie er es will. Ich möchte, dass alles, was ich bin, tue und sage meinen Herrn und Gott reflektiert. Aber das ist nicht in mir. Es wird nur zur Realität, wenn ich in ihm gefunden werde und er in mir gefunden wird. Wenn du meine alte Natur ansiehst und von mir erwartest, sie zu verändern, wirst du enttäuscht werden, denn das wird nicht passieren. Es ist nichts Gutes in mir außer Jesus. Absolut nichts (siehe Römer 7:18). Ich denke, das ist einer der Gründe, weswegen Paulus schrieb:

> "Daher kennen wir von nun an niemand nach dem Fleisch; wenn wir Christus auch nach dem Fleisch gekannt haben, so kennen wir ihn doch jetzt nicht mehr so. Daher, wenn jemand in Christus ist, so ist er eine neue Schöpfung; das Alte ist vergangen, siehe, Neues ist geworden."
>
> 2. Korinther 5:16-17

Statt zu versuchen, das Alte zu verbessern, sollten wir es vergessen, es loswerden und es als "mit Christus gestorben" betrachten:

> "Ich bin mit Christus gekreuzigt, und nicht mehr lebe ich, sondern Christus lebt in mir"
>
> Galater 2:20

Unsere Hoffnung ist nicht eine verbesserte Version von uns selbst, sondern Jesus in uns:

> "...das Geheimnis, das von den Weltzeiten und von den Geschlechtern her verborgen war, jetzt aber seinen Heiligen offenbart worden ist. Ihnen wollte Gott zu

erkennen geben, was der Reichtum der Herrlichkeit dieses Geheimnisses unter den Nationen sei, und das ist: Christus in euch, die Hoffnung der Herrlichkeit."
Kolosser 1:26-27

Nur *in ihm* können wir alles tun (Philipper 4:13). Nur *in ihm* können wir irgendetwas tun das dem Vater gefällt und das Frucht bringt, die ihn verherrlicht. So kann Paulus, unser Kandidat der möglicherweise mit gleichgeschlechtlicher Zuneigung zu kämpfen hatte, gegen Ende seines Lebens erklären:

"Aber durch Gottes Gnade bin ich, was ich bin; und seine Gnade mir gegenüber ist nicht vergeblich gewesen, sondern ich habe viel mehr gearbeitet als sie alle; nicht aber ich, sondern die Gnade Gottes, die mit mir ist."
1. Korinther 15:10

7 Krieg gegen das Vaterherz Gottes

Es ist Gottes Absicht, dass Väter ihren Kindern gegenüber das Vaterherz Gottes reflektieren und repräsentieren. Beinahe automatisch assoziieren wir die Eigenschaften, die wir im Leben unserer Väter beobachtet haben, mit Gott, wohl oder übel. Wenn unser irdischer Vater liebend und beschützend war und immer Zeit für uns hatte, wird es einfacher für uns sein, zu glauben, dass Gott auch so ist. Wenn unser irdischer Vater jedoch launisch, gewalttätig oder gar vollkommen abwesend war, wird es für uns schwerer, ein positives Bild vor Augen zu haben, wenn wir hören, dass Gott unser Vater ist.

Jesus kam auf diese Erde, um es der Menschheit zu ermöglichen, zum Vater zurückzukehren. "Ich bin der Weg, die Wahrheit und das Leben", sagte er, "und niemand kommt zum Vater als nur durch mich" (Johannes 14:6). Er sagte weiterhin, dass die, die ihn gesehen haben, den Vater selber gesehen hätten. Jesus lebte dafür, dass Menschen den Vater kennenlernten. Alles, was er tat, tat er mit diesem Ziel. Jesus repräsentierte den Vater so exakt, dass Menschen sehen konnten, wie der Vater ist, wenn sie den Sohn ansahen. Jetzt haben wir, die Gemeinde, dieselbe Aufgabe, denn Jesus sagte uns, dass, so wie der Vater ihn gesandt hatte, er nun uns sendet (siehe Johannes 20:21)!

Aber es gibt jemanden, der nichts so sehr hasst wie die Offenbarung Gottes als Vater. Der Teufel hat kein Problem mit Leuten, die an irgendeinen Gott glauben. Aber er wird wütend, wenn immer Gott als Vater geoffenbart wird. Aus diesem Grunde hasste er die Ankunft Christi auf diesem Planeten und versuchte alles in seiner Macht stehende, um ihn zu töten und zu zerstören: Denn Jesus war die perfekteste Repräsentation des Vaters, die es jemals gegeben hat! Die Gesetzeslehrer ließen Jesus aus diesem Grund kreuzigen: Weil er sich als Sohn Gottes ausgab. Bis zum heutigen Tag verkündet eine Inschrift in riesigen arabischen Buchstaben am Felsendom in Jerusalem, eine der heiligsten Plätze des Islams: "Gott hat keinen Sohn!"

Satan versucht, jede Repräsentation der Vaterschaft Gottes zu zerstören. Und wenn er sie auch nicht völlig zerstören kann, so versucht er doch mit aller Kraft, sie so weit wie möglich zu verunglimpfen und zu pervertieren. Darum attackiert der Teufel Vaterschaft generell. Um das zu erreichen, verfolgt er verschiedene Strategien: Alkoholsucht, Drogen, sexuelle Zügellosigkeit, Lust und Abhängigkeiten, mit dem ultimativen Ziel, das Gesicht Gottes, des Vaters, unkenntlich zu machen. Und wenn er Männer nicht dazu bringen kann, nach Frauen zu gelüsten (was bei der Mehrheit der Männer zu funktionieren scheint), ist er schnell dabei und sagt "Siehst du, du magst keine Mädchen. Das ist okay. Jungs sind auch niedlich. Hier, schau dir den mal an…"

Ich bitte um Verzeihung, wenn das wie eine platte Nachahmung von C.S. Lewis Meisterwerk "Dienstanweisung für einen Unterteufel" klingt, aber ich glaube wirklich, dass dies die treibende Kraft hinter der homosexuellen Agenda ist, die weltweit gepuscht wird. Wenn sich Gottes Liebe und sein ganzer Charakter am perfektesten in der Beziehung zwischen dem Vater und dem Sohn offenbart, dann wären zwei Dinge die logische Konsequenz:

1. Gott wird es in die Herzen vieler legen, ihn auf ähnliche Weisse zu repräsentieren, wie Jesus es getan hat;

2. Satan, der selber nichts zeugen kann, wird versuchen, das, was Gott in die

Herzen gelegt hat, umzuleiten und zu missbrauchen.

Oft gelingt es dem Feind, uns glauben zu machen, dass das Problem *in* uns ist, während er Dinge um uns *herum* tut. Es ist eine der Hauptstrategien des Teufels, mit der er individuelle Gläubige und selbst ganze Gemeinden, Denominationen und Bewegungen innerhalb der weltweiten Gemeinde lahmlegen kann, indem er uns dazu bringt, unseren Fokus nach innen zu richten statt nach außen. Wenn er uns auf diese Weise ablenken kann, ist das Feld weit für ihn geöffnet um verheerenden Schaden in Menschen und Gesellschaften um uns herum anzurichten!

Ein Erlebnis während eines evangelistischen Einsatzes in Mexiko 1995 soll als Illustration dienen: Mit einem Team von Studenten einer Jüngerschaftsssschule waren wir 1.140 Kilometer von Los Angeles aus nach Santa Rosalia auf der Niederkalifornischen Halbinsel gefahren. Wir hatten uns nicht nur an der Landschaft entlang dieser spektakulären Strecke durch Wüsten und entlang der endlos scheinenden Küste der Halbinsel erfreut (inklusive einer fantastischen Sicht auf eine Gruppe Delfinen, die sich mit großer Geschwindigkeit ihren Weg südwärts durch das kristallklare Wasser des kalifornischen Golfes etwa 100 Meter unter uns bahnten), sondern wir hatten auch unglaubliche Zeiten des Dienens. Nach einem einfachen aber schmackhaften Abendessen mit dem Pastor und einigen Mitgliedern einer Gemeinde baten mich eines Tages zwei mexikanische Jungs, mit ihnen Basketball zu spielen. Mir hat Basketball nie richtig Spaß gemacht und normalerweise hätte ich ihre Bitte abgelehnt, aber diese beiden Jungs fragten mit so einer Begeisterung, dass ich dachte, sie würden mehr enttäuscht sein, wenn ich nicht mitspielen würde als später, wenn sie herausgefunden hätten, dass ich trotz meiner Größe von 1,94 Metern nicht annährend so gut spielte wie Michael Jordan. Also gingen wir rüber zum Spielplatz und begannen zu spielen. Die Jungs strahlten geradezu voller Leben und genossen es, ihre Fähigkeiten zur Schau zu stellen. Es machte Spaß, wir lachten viel und alles schien wunderbar, bis ich merkte, dass ich den älteren der beiden, der etwa 16 Jahre alt war, attraktiv fand. Ich hatte zwar gleich zu Beginn registriert, dass er hübsch war, aber nun war noch etwas anderes ausgelöst. Und von einem Augenblick zum nächsten änderte sich meine gesamte Verfassung. Während ich davor eine gute Zeit hatte, zog ich mich plötzlich völlig von allen zurück. In den folgenden zwei Wochen war ich zu nichts zu gebrauchen.

Als wir schließlich nach Tijuana im Norden Mexikos zurückkehrten, fragte uns ein befreundeter Missionar nach unserer Zeit und erzählte uns, was er über die geistliche Atmosphäre der verschiedenen Orte, in den wir gewesen waren, dachte. Als er uns sagte, dass es in Santa Rosalia einen starken Geist der Homosexualität gäbe, schauten die Teamleiterin und ich uns an (ich war der assistierende Leiter des Teams) und wünschten uns, dass wir das vorher gewusst hätten. Dann hätten wir wahrscheinlich mit Leichtigkeit erkannt, dass es ein Angriff des Feindes war und hätten dann dementsprechend gehandelt.[26] Aber weil wir das nicht sahen, dachte ich, dass das Problem in mir war. Und wie es immer geschieht, wenn wir auf uns selber sehen, begann ich, zu sinken. Wenn wir jedoch auf den Herrn schauen, können wir auf dem Wasser gehen!

In diesem Fall hätte ich einfach sehen können, dass ich den Jungen zwar attraktiv fand, hübsch, jung und voller Leben wie er nun mal war, aber

---

[26] Indem wir von unserer geistlichen Autorität nach Lukas 10:19 und Jakobus 4:7 Gebrauch gemacht hätten, z.B: "Du homosexueller Geist, ich widerstehe Dir im Namen Jesu und befehle dir, von mir zu weichen!"

dass ich den Vorschlägen des Feindes und dem Verlangen meiner alten Natur, der Versuchung weiter nachzugeben, nicht zu folgen brauchte. Ich hätte dem Feind widerstehen und Frieden mit meiner Schwäche schließen können, aber stattdessen verdammte ich mich selber dafür, überhaupt eine Schwäche zu haben. Auf diese Weise war ich geradezu wie gelähmt und, sowohl als Leiter für das Team als auch als Zeuge gegenüber Nichtgläubigen, praktisch vollkommen nutzlos. Und genau das ist es, wo der Feind uns haben möchte: Er mag es zwar nicht schaffen, unseren Glauben an Gott zu zerstören, aber er möchte uns zu uneffektiven, selbstbezogenen, freudlosen Christen machen. Erlaube dem Feind nicht, dir den Frieden zu stehlen, der dir zusteht! Nicht nur um deiner selbst Willen, sondern auch den Menschen um dich herum zuliebe!

Satans zweiseitige Strategie

Satan verfolgt eine zweifache Strategie in Bezug auf gleichgeschlechtlicher Zuneigung: Die eine Gruppe von Menschen belügt er, indem er ihnen sagt, dass ihre Zuneigung zum eigenen Geschlecht bedeuten muss, dass sie mit anderen Menschen des eigenen Geschlechts Sex haben sollten und dass dies okay sei. Die andere Gruppe von Menschen belügt er, indem er ihnen sagt, dass jede Zuneigung "böse", "schlecht", und "unheilig" sei und von daher völlig abgelehnt werden muss. So oder so gelingt es ihm, sein Ziel, zu stehlen, zu töten und zu zerstören, zu erreichen (siehe Johannes 10:10). Gottes Wahrheit dagegen liegt in einer Balance zwischen diesen beiden Extremen: Er möchte nicht, dass wir die Zuneigung verneinen, aber er möchte auch nicht, dass wir ihr gestatten, sexualisiert zu werden.

Gottes Lösung

Je mehr Offenbarung wir darüber haben, wie sehr Gott, der Vater, seinen Sohn Jesus liebt, und je mehr wir verstehen, dass er uns *in Christus* genauso liebt, umso mehr werden wir dazu in der Lage sein, dieses Vaterherz Gottes anderen gegenüber zu reflektieren. Könnte es sein, dass Gott Männer, die mit einer homosexuellen Neigung kämpfen, dazu berufen hat, sein Herz denjenigen gegenüber zu reflektieren, die von ihren eigenen Vätern verlassen, missbraucht oder sonst wie enttäuscht worden sind? Nicht jeder wird dazu berufen, sein Missionar in einem fernen Land zu werden, aber stell Dir einmal vor, was passieren würde, wenn jeder, der gleichgeschlechtliche Zuneigung als seine Schwäche ansieht, leben würde, um dort, wo er gerade ist, das Vaterherz Gottes für eine vaterlose Generation zu sein! Ich denke, die Welt wäre ein besserer Ort!

8 Von ungezähmten Pferden, Süchten und Sehnsüchten

Viele Jahre hatte ich Gott mit 100 % Integrität gedient. Einige Mitarbeiter nannten mich eher spöttisch "Mr. Holy," also "Herr Heilig," während andere es als eine gute Eigenschaft ansahen, dass ich nicht jemand war, der ständig in den Rückspiegel schauen musste – was bedeutet, dass ich keine Angst hatte, von der Polizei für zu schnelles Fahren verfolgt zu werden. Ich hielt mich strikt an das Geschwindigkeitsverbot und bezahlte lieber eine Strafgebühr, anstatt auf Dokumenten falsche Angaben zu machen, selbst dann, wenn ich wusste, dass niemand es herausfinden würde und alle anderen es zu tun schienen. Ich war scheinbar auch der einzige, der morgens um 3 Uhr mit dem Fahrrad an einer total verlassenen Kreuzung an einer roten Ampel wartete. Es war herrlich! Als ich damit begann, Kompromisse zu machen, und statt Bekenntnissen lieber Ausreden machte, mit der ich meine Sünde rechtfertigen wollte, war ein tieferer Fall nur eine Frage der Zeit. Ich glaube, dass der Herr uns in seiner Gnade nicht sofort entblößt oder uns aus dem Dienst entfernt, wenn wir einmal in Sünde fallen, aber wenn wir in der Sünde verharren, wird er dem letztlich ein Ende machen:

> "...und ihr sollt erkennen, dass eure Sünde euch finden wird!"
>
> 4. Mose 32:23

> " Irrt euch nicht, Gott lässt sich nicht verspotten! Denn was ein Mensch sät, das wird er auch ernten."
>
> Galater 6:7

Ich, für meinen Teil, bin jedenfalls nicht mehr beeindruckt von irgendwelchen "charismatischen" Predigern, die gewaltig predigen. Worauf es wirklich ankommt, ist, wer wir sind, wenn niemand hinsieht. Aus eigener Erfahrung kann ich sagen, dass der Herr meinen Dienst immer noch segnete und dass er durch mein Predigen sogar noch Menschen errettete, während ich in Sünde lebte. Die Schrift sagt, dass niemand ohne Heilung den Herrn sehen wird (Hebräer 12:14), von daher war es wohl eher wegen der Heiligkeit der Menschen, die mit mir arbeiteten, dass mein Dienst noch Früchte trug. Während ich sehen konnte, was der Herr durch mich und um mich herum tat, so konnte ich mich dennoch nicht richtig daran erfreuen. Es war, nun, das Gegenteil von herrlich. Ein wenig so wie Jona, der den radikalen Effekt seines Predigens sah,

> ES KOMMT DARAUF AN, WER WIR SIND, WENN NIEMAND HINSIEHT

als sich eine ganze Stadt zum Herrn wandte, während er sich in Selbstmitleid und Verzagtheit wälzte.

So stehe ich jetzt hier, ermahne dich und predige zu mir selbst: "Sei heilig, denn er ist heilig!"[27] Es macht viel mehr Spaß, ist wahrscheinlich wesentlich effektiver und mit Sicherheit ehrt es Gott mehr als wenn wir nicht aufrichtig im Licht wandeln. Ich bin jedoch überzeugt, dass der Herr uns letztlich immer wieder ins Licht zurückrufen wird, selbst wenn er dafür Himmel und Erde bewegen muss. Er hatte einen Weg, Jona von seiner Dummheit zu überzeugen, er sandte Nathan zu David, sprach zu Bileam durch einen Esel und ich bin davon überzeugt, dass er für neun Pferde verantwortlich war, die eines Tages mitten in der Nacht auf unseren Campus von Jugend Mit Einer Mission in Südkalifornien galoppierten.

Neun ungezähmte Pferde

Ich hatte gerade wieder einmal etwas im Internet angesehen, als ich morgens um 3 Uhr draußen vor dem Büro einige ungewöhnliche Geräusche hörte. Ich schaltete den Computer aus und verließ das Büro. Als ich vor die Tür trat,

---

[27] Nach 1. Petrus 1:16

sah ich einige friedlich vor sich hin grasende Pferde direkt vor dem Gebäude, von dem ich so sicher gewesen war, dass mich dort um diese Zeit niemand bemerken würde. Ein paar dutzend Leute gingen umher und unterhielten sich laut. Ich glaube nicht, dass die Pferde irgendein Interesse an mir hatten, aber ich wusste sofort, dass der Herr mich auf diese Weise zu sich zurückrief. Als mich mein Leiter später am Morgen ansprach und mir sagte, dass er mich Nachts aus dem Büro hätte kommen sehen und er sich wunderte, was ich denn zu dieser Zeit dort gemacht hätte, war es für mich ein großer Schritt zurück ins Licht und in die Freiheit der Kinder Gottes. Es ist schon toll, echte Vergebung und Annahme zu erfahren und ich bin bis heute dafür dankbar, dass mich meine Leiter nicht einfach hochkantig rausschmissen, obwohl ich das sicherlich verdient gehabt hätte.

An dieser Begebenheit, die sich 1998/99 ereignete, ist relativ leicht zu erkennen, dass eine Kombination aus Stress, Enttäuschung und Einsamkeit einen nahrhaften Boden für die Lügen des Feindes bot. Was mit dem harmlosen Gedanken "Was es da wohl so gibt?" begann, führte zu einer Sucht, viel Schmerz und einer Menge scheinbar verschwendeter Zeit. Natürlich wusste ich, dass meine Sucht alles andere als förderlich für die Ziele war, die ich eigentlich erreichen wollte. Ich wusste, dass sie Beziehungen zerstören würde. Und ich wusste sogar, dass sie nicht immer ein Geheimnis bleiben würde. Seitdem definiere ich Sucht als etwas, das man weiterhin tut, obwohl man weiß, dass es langfristig gesehen nicht gut für sich selbst ist. Ich denke, dies trifft auf jede Art von Sucht zu, egal, ob die Droge Heroin, Alkohol, Tabak, Spielsucht, Sex, Pornografie, Geld, Macht, Ruhm, Schokolade oder Kaffee heißt.

> WENN DU DINGE TUST, VON DENEN DU WEISST, DASS SIE NICHT GUT FÜR DICH SIND, BIST DU VON IHNEN ABHÄNGIG!

Der Süchtige ist dabei gar nicht wirklich von der Droge abhängig, sondern viel mehr von dem Nichtvorhandensein von Schmerz und Stress, welche die Droge verdeckt - wie ein Pflaster die Symptome einer Wunde abdeckt, ohne an deren Ursprung heranzugehen. Unterschiedliche Dinge funktionieren für verschiedene Leute. Gott möchte jedoch nicht, dass wir Pflaster auf unsere Wunden kleben, sondern er will die ihnen zugrunde liegenden tieferen Bedürfnisse mit guten Dingen erfüllen:

"Preise den HERRN, meine Seele, und all mein Inneres seinen heiligen Namen! Preise den HERRN, meine Seele, und vergiss nicht alle seine Wohltaten! Der da vergibt alle deine Sünde, der da heilt alle deine Krankheiten. Der dein Leben erlöst aus der Grube, der dich krönt mit Gnade und Erbarmen. Der mit Gutem sättigt dein Leben."

Psalm 103:1-5

> WENN WIR DINGE TUN, DIE DIE BIBEL SÜNDE NENNT, KÖNNEN WIR RECHT SICHER SEIN, NOCH NICHT DAS GUTE GEFUNDEN ZU HABEN, MIT DEM GOTT UNSERE BEDÜRFNISSE ERFÜLLEN MÖCHTE

Die englische New International Version übersetzt den letzten Satz als "He satisfies your desires with good things," also "Er befriedigt Deine Sehnsüchte mit guten Dingen." Das ist doch mal eine richtig gute Nachricht, oder? Er hat uns gesagt was *nicht* gut ist (z.B. sexuelle Vergehen jeder Art, Trunksucht, usw.).

Wenn wir Dinge tun, die die Bibel Sünde nennt, dann können wir also recht sicher sein, noch nicht das "Gute" gefunden zu haben, mit dem Gott unsere Bedürfnisse erfüllen möchte. Während wir, jedenfalls unsere alte Natur, das Erstbeste, was daher kommt und uns die Erfüllung unserer Bedürfnisse anbietet, ergreifen wollen, sagt der Glaube: "Nein, ich werde auf etwas Gutes warten, um dieses Bedürfnis zu stillen." Nun ist es heutzutage natürlich nicht sehr populär, auf irgendetwas lange zu warten.

Aber die Realität ist, dass wir Zeit vergeuden, wenn wir versuchen, unsere Bedürfnisse mit Dingen zu füllen, die nicht Gottes Bestes sind. Es bedarf Disziplin, "Nein" zur schnellen Sofortlösung zu sagen, und es bedarf Geduld, auf das Authentische zu warten.

Geduld ist ein Teil der geistlichen Frucht, die in Galater 5:22-23 aufgeführt wird, sie ist uns nicht angeboren. Aber wir können unseren Teil dazu tun, Geduld zu entwickeln, indem wir alltägliche Situationen dazu benutzen, wie etwa das Warten an der Kasse im Supermarkt oder auch das langsame Fahren hinter einem Auto vor uns, das langsamer fährt als erlaubt, ohne dass wir auf den Fahrer wütend werden.

Das hört sich nicht besonders geistlich an, aber es sind diese normalen Dinge, durch die wir unseren Charakter entwickeln. Wenn du Schwierigkeiten hast, drei Minuten zu warten, weil die Person an der Kasse vor dir ihre Kreditkarte nicht finden kann, wirst du Probleme haben, auf Gottes Zeitpunkt zu warten, dir das Gute zu bringen, das deine Bedürfnisse erfüllt. Wie oft hast du die Schlange an einer Kasse gewechselt,

> ES IST IN DEN NORMALEN DINGEN, DASS WIR CHARAKTER ENTWICKELN

weil du dachtest, du könntest etwas Zeit sparen, nur um herauszufinden, dass es schneller gegangen wäre, wenn du in der ursprünglichen Schlange geblieben wärst? Auf ähnliche Weise denken wir oft, eine Abkürzung gefunden zu haben, um ein erfülltes Leben zu haben, nur um festzustellen, dass es besser gewesen wäre, auf Gottes Lösung zu warten... Gott ist treu und er *wird* die Erfüllung bringen. Und das, was er gibt, wird unsere Bedürfnisse viel, viel besser erfüllen als irgendetwas, das wir stattdessen wählen würden!

9 Gottgewollte Schwäche

Wir haben uns unsere Schwächen nicht ausgesucht. Ich bin davon überzeugt, dass, wenn Gott uns gestatten würde, uns eine Schwäche auszusuchen, sich niemand die Schwäche aussuchen würde, die er hat. Jedes Problem scheint einfacher zu sein als das, was wir haben. Aber in seiner grenzenlosen Weisheit hat der Herr unsere Schwäche für uns gewählt, denn er hat uns im Leib unserer Mutter zusammengewoben:

> "Denn du bildetest meine Nieren. Du wobst mich in meiner Mutter Leib."
> Psalm 139:13

Wir tendieren dazu, zu glauben, dass Gott uns ohne Fehl und Tadel erschaffen hat. Das ist aber nicht so. Samson ist ein gutes Beispiel für Gottes ganz bewusstes Zuteilen eines Schwachpunktes (siehe Richter 13-16). Noch wichtiger ist die Tatsache, dass Gott das Törichte und das Schwache der Welt auserwählt hat, um die Weisen und das Starke zuschanden zu machen (1. Korinther 1:27). Wenn es Gott gefällt, seine Stärke in unserer Schwachheit zu offenbaren, dann macht es absolut Sinn, dass er sicherstellen würde, dass wir tatsächlich ein paar

Schwachpunkte haben. Und wenn das so ist, dann macht es auch völlig Sinn, dass der Feind uns dazu bringen will, unsere Schwächen zu verbergen und so zu tun, als wenn wir alles selber hinbekommen würden. Gott jedoch gibt seine Gnade den Demütigen (Jakobus 4:6), so dass Paulus mit einer tollen, gottgegebenen Mischung aus Demut und Freimütigkeit sagen kann:

"...denn wenn ich schwach bin, dann bin ich stark!"
2. Korinther 12:10

Unser Kampf mit Sünde, Schwachheit, Krankheit, Ungerechtigkeit und Versuchung ist eine ständige Erinnerung daran, dass wir in einer gefallenen Welt leben. Wir sind noch nicht am Ziel angekommen. Aber es gibt Dinge, die wir akzeptieren müssen, und es gibt Dinge, die wir bekämpfen müssen. Wenn wir gegen die Dinge kämpfen, die wir akzeptieren sollten, dann werden wir wie Don Quichotte gegen Windmühlen kämpfen, und wenn wir die Dinge akzeptieren, gegen die wir kämpfen sollten, werden wir uneffektiv, niedergeschlagen und unglücklich sein. Den meisten Dingen in dieser kleinen Liste sollten wir in der Tat den Krieg erklären: Sünde, Ungerechtigkeit und Krankheit. Aber mit unserer Schwäche müssen wir Frieden schließen und sie als Teil dessen akzeptieren, wie Gott uns geschaffen hat. Wenn wir das tun, und ich glaube, *nur* wenn wir das tun, dann wird Gott das tun, was die Welt so dringend benötigt: Er wird seine Kraft in demütigen, sanftmütigen Menschen offenbaren, die verstanden haben, dass ihre inneren Kämpfe keine Bestrafung und kein Zeichen dafür sind, dass irgendetwas mit ihnen nicht stimmt, sondern ein Teil von Gottes Design sind. Nur, wenn wir akzeptieren, dass unsere Schwäche ein gewollter Teil unseres Lebens ist, können wir beginnen, danach Ausschau zu halten, wie Gott seine Stärke in uns offenbaren möchte. Wenn wir unsere Schwäche verleugnen oder gegen sie kämpfen, um sie loszuwerden, werden wir dem Heiligen Geist keinen Raum geben, in uns zu wirken und die Liebe und Gnade unseres Herrn Jesus anderen durch uns so zu offenbaren, wie er das beabsichtigt hat. Es ist eines dieser Paradoxe in der Schrift: Wir erhalten den Sieg (über den Feind) durch völlige Kapitulation (Jesus gegenüber) und beginnen zu kämpfen (mit der Sünde), indem wir Frieden schließen (mit unserer Schwäche)!

> GOTT WIRD SEINE KRAFT IN DEMÜTIGEN, SANFTMÜTIGEN MENSCHEN OFFENBAREN, DIE VERSTANDEN HABEN, DASS IHRE INNEREN KÄMPFE EIN TEIL VON GOTTES DESIGN SIND

Die Macht seiner Liebe
In dem sehr beliebten Lied "Die Macht deiner Liebe" von Hillsongs singen wir normalerweise:

> "Herr, ich weiß jetzt
> Dass die Schwäche in mir
> Hinfort gerissen wird
> Durch die Macht deiner Liebe."

In meinen eigenen Lobpreiszeiten habe ich den Text schon seit langem verändert:

> "Herr, ich weiß jetzt
> Dass du in der Schwäche in mir
> Deine Stärke zeigen wirst
> Durch die Macht deiner Liebe."

Ich halte das für theologisch richtiger, auch wenn unsere Schwächen letztendlich *tatsächlich* hinfortgerissen werden, aber darauf müssen wir warten, bis wir ihn sehen:

> "So ist auch die Auferstehung der Toten. Es wird gesät in Vergänglichkeit, es wird auferweckt in Unvergänglichkeit. Es wird gesät in Unehre, es wird auferweckt in Herrlichkeit; <u>es wird gesät in Schwachheit, es wird auferweckt in Kraft</u>; es wird gesät ein natürlicher Leib, es wird auferweckt ein geistlicher Leib."
> 1. Korinther 15:42-44

10 Gleichgeschlechtliche Zuneigung zum Guten verwenden

Wenn es wahr ist, dass Gott seine Stärke in unserer Schwachheit zeigen möchte, dann ist diese Schwäche unser Kapital, keine Hypothek; ein Geschenk, keine Last; ein Segen, kein Fluch. Es kommt darauf an, wie wir mit ihr umgehen. Wie jede Gabe und jede Fähigkeit, die Gott uns gibt, können wir sie entweder für egoistische, gottlose Zwecke gebrauchen, oder wir können sie dafür einsetzen, dass Gott verherrlicht wird. Wie steht es dabei also um die gleichgeschlechtliche Zuneigung? Wie kann Gott dadurch verherrlicht werden?

Um es noch einmal zu sagen: Wenn die Zuneigung zum eigenen Geschlecht ausschließlich sexueller Art ist, dann ist sie in der Tat für nichts Gutes zu gebrauchen. Denn sexuelle Gedanken über Personen des eigenen Geschlechts sind, genau wie jede andere Art von Lust, Sünde. Denn Lust ist nicht Liebe, und Gott möchte nicht, dass wir nach irgendjemandem gelüsten, nicht einmal nach unserem Ehepartner! Lust ist immer Sünde, und demnach nichts Gutes. Aber *Zuneigung* hat Potential, das zum Guten verwendet werden kann.

Um es so einfach wie möglich zu sagen: Wenn wir eine Zuneigung für eine Person verspüren, möchte Satan, dass wir nach ihr gelüsten und dem Verlangen unserer alten Natur nachgeben, während der Heilige Geist uns befähigen möchte, mit völliger Integrität über diese Person zu denken und sie auch so zu behandeln – mit dem ultimativen Ziel, Gott durch diese Beziehung zu verherrlichen. Ein erster Schritt in die richtige Richtung kann es dabei sein, jedes Mal, wenn wir eine Zuneigung für einen Menschen verspüren, Gott einfach dafür zu danken, dass er einen hübschen Mann oder eine schöne Frau geschaffen hat. "Wer Dank opfert, verherrlicht mich und bahnt einen Weg; ihn werde ich das Heil Gottes sehen lassen", sagt Psalm 50:23. Gott zu danken ist nicht nur eine gute Idee, sondern es wird von der Schrift sogar befohlen (siehe Epheser 5:20). Es ehrt Gott, wenn wir ihm danken, es verändert unsere Haltung der Person gegenüber, nach der wir ansonsten gelüstet hätten, und es verärgert den Teufel. Als ein weitergehender Schritt neben dem Danken könnten wir für jede attraktive Person, die wir sehen, um deren Errettung und um Gottes Segen auf ihrem Leben beten. Und an richtig guten Tagen könnten wir sogar ein Gespräch beginnen, um dieser Person von Jesus zu erzählen!

Über Schokolade und schöne Stimmen
Manche haben argumentiert, dass Männer, die mit einer homosexuellen Neigung kämpfen, nicht mit Jungs arbeiten sollten (z.B. im Rahmen eines Kinderheims, einer Jugendgruppe oder einer Schule), so wie jemand der süchtig nach Schokolade ist, nicht in einer Schokoladenfabrik arbeiten sollte. Diese Art der Argumentation erscheint zwar logisch, basiert jedoch weitestgehend auf Angst. Angst ist jedoch nicht gerade der beste biblische Ratgeber, denn "vollkommene Liebe treibt die Furcht aus" (1. Johannes 4:18). Gibt es ein Risiko für jemanden, der Schokolade liebt, in einer Schokoladenfabrik zu arbeiten? Sicherlich – er mag ab und zu mit etwas Bauchschmerzen nach Hause gehen, wenn er zu viel an den Produktionsresten geknabbert hat, und es besteht die Gefahr, übergewichtig zu werden. Wenn man jedoch jemanden, der Schokolade liebt, in einer Fischfabrik arbeiten ließe, würde diese Person langsam aber sicher innerlich sterben. Außerdem würde man der gesamten Schokoladenindustrie einen leidenschaftlichen Schokoladenliebhaber vorenthalten, der vielleicht neue Sorten kreiert oder die gesamte Industriesparte und die Gesellschaft insgesamt durch seine Leidenschaft auf andere Art und Weise bereichert hätte (z.B.

als Fahrer eines Schokoladenlieferwagens, Verkäufer in einem Schokoladengeschäft oder als Fotograf zur Erstellung eines Buches über Schokolade). Statt nach einem Job in einem völlig anderen Aufgabenbereich zu suchen, sollten der Schokoladenliebhaber und die Menschen um ihn herum versuchen, Wege zu finden, ein sicheres Umfeld für ihn zu schaffen, in dem er, und mit ihm auch die gesamte Schokoladenindustrie, aufblühen kann.

Unsere Kultur eröffnet Menschen mit gottgegebenen Gaben vielerlei Möglichkeiten, Ruhm (und Geld) zu bekommen. Man denke nur an TV-Shows wie "American Idol" und "America's Got Talent", die sich in geradezu zahlloser Weise in anderen Nationen und Kulturkreisen überall auf der Welt ausgebreitet haben. Nur wenigen Superstars gelingt es, ihr Talent in einer gottverehrenden Weise zu verwenden, denn es erfordert schon zu Beginn der Karriere eine klare Entscheidung zu treffen: Wollen sie ihre Fähigkeiten zu ihrem eigenen Ruhm oder zur Ehre Gottes einsetzen? Diese grundlegende Entscheidung wird für uns alle ausschlaggebend dafür sein, ob wir in kleinen Dingen treu bleiben werden oder ob wir Kompromisse mit Gottes Standard eingehen werden, um persönliche Vorteile daraus zu beziehen (z.B. in der Form von Ruhm, Geld, oder Vergnügen).

Jeder Christ muss die egoistische Benutzung seiner gottgegebenen Fähigkeiten und Talente verweigern.

> JEDER CHRIST MUSS DIE EGOISTISCHE BENUTZUNG SEINER GOTTGEGEBENEN FÄHIGKEITEN UND TALENTE VERWEIGERN

Stattdessen haben wir die Aufgabe, herauszufinden, wie wir mit dem, wie Gott uns geschaffen hat, Gott am besten dienen können. [28]

Wenn du also eine gute Stimme hast und Dir das Singen Spaß macht, solltest du nicht versuchen, ein Rockstar zu werden, der seinen eigenen Ruhm sucht, und am Ende von seinen Fans angebetet wird, sondern stattdessen könntest du ein Sänger in einem Chor oder Lobpreisteam werden, der zur Ehre Gottes singt und ihn verherrlicht! Auf ähnliche Art und Weise musst du, wenn du das "Talent" (!) der gleichgeschlechtlichen Zuneigung hast, eine Entscheidung treffen: Du kannst einfach aufgeben, dem Rat der Welt folgen und einen homosexuellen Lebensstil führen. Ich verleugne

---

[28] Um herauszufinden wofür Gott dich geschaffen hat, empfehle ich zum vertieften Studium Rick Warrens Buch *Leben mit Vision*, Gerth Medien 2014, insbesondere das 4.Lebensziel

nicht, dass du nicht auf gewisse Art und Weise Erfüllung finden würdest, wenn du das tätest. Aber ich verspreche dir, dass du niemals das wahre Leben und die wahre Liebe finden würdest, die Du wirklich suchst, denn die kann nur Gott geben. Und er ist Willens, zu geben, wenn du deine Fähigkeiten in *seinen* Dienst stellst!

Gottes Herz für die Nationen

Ich denke, nichts liegt mehr auf dem Herzen Gottes als die Jüngerschaftsschulung von Menschen aller Nationen (siehe Matthäus 28:19). Jesus schulte seine Jünger, indem er Zeit mit ihnen verbrachte, nicht durch das Eröffnen einer Schule oder das Senden von Geld. Nun birgt das Zusammensein mit Menschen immer ein gewisses Risiko: Du kannst verletzt werden und, jawohl: Du kannst Menschen verletzen, selbst wenn du die besten Absichten hast. Es gibt beinahe zahllose Jungs in der Welt,[29] die sich nach einer Offenbarung des Vaterherzens Gottes sehnen. Ich befürchte, dass viele Leute für sich persönlich, aber auch die Gemeinde insgesamt, beschlossen haben, ihnen die Liebe Gottes

---

[29] *Beinahe* zahllos, denn die Bibel sagt, dass sogar die Haare auf unserem Kopf gezählt sind (Lukas 12:7). Gott kennt und liebt jeden Jungen und jedes Mädchen!

vorzuenthalten, da sie in zerbrechlichen Gefäßen zu ihnen kommen würde.

Ich glaube zwar, dass es weise und im besten Interesse von Kindern ist, Männer, die offen unbiblische Werte ausleben oder unterstützen, von ihnen fernzuhalten. Ich glaube jedoch nicht, dass ein Mann, der mit einer homosexuellen Neigung kämpft aber biblische Werte vertritt, automatisch von jeder Arbeit mit Jungs generell ausgeschlossen werden sollte. Stattdessen sollten sich Gemeinden und Dienste, die mit Jungen arbeiten, darum bemühen, gesunde Richtlinien zu erstellen und auf diese Weise ein sicheres Umfeld zu gestalten. Ein einzelner Mann, der sich um eine Gruppe von Jungs kümmert, mag in der Tat nicht die beste Idee sein!

Der Missbrauch von gottgegebenen Fähigkeiten kann viel Schaden anrichten, aber es hilft auch niemandem, sie zu verstecken. Erinnere dich: Es war der Diener, der sein Talent im Boden vergrub, der die härteste Rüge seines Herrn erhielt (Matthäus 25:14-30)!

11 Biblische Beispiele enger Beziehungen zwischen Männern

Die Bibel gibt viele Beispiele für ungewöhnlich enge Beziehungen zwischen Männern. Liberale Theologen haben versucht, einige dieser Beziehungen als Argumente dafür anzuführen, dass Homosexualität in Gottes Augen okay sei. Während ich von dieser Sichtweise weit entfernt bin, so denke ich doch, dass es sich bei diesen Beziehungen um Beispiele dafür handelt, wie Gott sich den Umgang mit der Zuneigungsgabe ursprünglich gedacht hat: Auf heilige, heilsame Weise, die dazu dient, Gott zu verherrlichen, und die ein Segen sowohl für die betroffenen Personen als auch für die Menschen um sie herum ist.

David und Jonatan

Das Paradebeispiel ist dabei die Freundschaft zwischen David und Jonatan, so, wie Sie uns im ersten und zweiten Buch Samuel berichtet wird. Vor allem Davids Aussage in 2. Samuel 1:26 hat viele dazu geführt, zu glauben, dass die Beziehung zwischen David und Jonatan einen erotischen und/oder sexuellen Aspekt hatte. Nachdem David von dem Tod Jonatans gehört hatte, trauerte er tief um seinen Freund und sagte:

> "Mir ist weh um dich, mein Bruder Jonatan! Über alles lieb warst du mir. Wunderbar war mir deine Liebe, mehr als Frauenliebe."
>
> 2. Samuel 1:26

Die Bibel gibt allerdings nicht den geringsten Hinweis darauf, dass David und Jonatan eine homosexuelle Beziehung hatten. Sowohl David als auch Jonatan waren beide verheiratet und hatten Kinder. Obwohl man ihre Beziehung nicht als Beispiel dafür verwenden kann, dass Gott Homosexualität gut heißt, denke ich, ist sie trotzdem ein schönes Beispiel dafür, dass eine Zuneigung zu einer Person des eigenen Geschlechts heilig und rein sein kann und ein großer Segen für die beiden Betroffenen und für viele Menschen um sie herum sein kann. Als Jonatan und David sich das erste Mal trafen, sagt die Schrift, dass sich die Seele Jonatans mit der Seele Davids verband und Jonatan ihn liebgewann wie seine eigene Seele (siehe 1. Samuel 18:1). Jonatans Liebe für David kann also nicht als homosexuell interpretiert werden, man sollte sie eher als ein herausragendes Beispiel dafür nehmen, was es heißt, einander so zu lieben, wie Gott es allen geboten hat: Seinen Nächsten so zu lieben wie sich selber.

Auch wenn die Bibel es nicht ausdrücklich sagt, denke ich, ist es angemessen anzunehmen, dass Jonatan eine Zuneigung für David (der laut 1. Samuel 17:42 schön von Aussehen war) empfand, aber es sieht so aus, als ob er es nicht zuließ, dass sich diese Zuneigung in eine homoerotische Fantasie entwickeln konnte. Stattdessen unterstellte er die Beziehung vollkommen Gott und viel Gutes resultierte daraus für die ganze Nation Israel und letztlich für alle Völker, denn es war Jonatan, der David davor beschützte, von Jonatans Vater, König Saul, getötet zu werden, und später sollte Jesus als ein Nachkomme Davids geboren werden. Was wäre passiert, wenn Jonatan panisch reagiert hätte, als er seine Zuneigung für David feststellte und deswegen versucht hätte, jeden Kontakt mit ihm zu vermeiden aus Furcht davor, was andere wohl denken würden, oder aus Furcht davor, dass etwas Unangemessenes zwischen den beiden geschehen könnte? Der Schlüssel lag darin, die Zuneigung nicht zu leugnen, sondern diese in die richtige Richtung zu lenken und es Gott zu erlauben, seine Ziele dadurch zu erreichen.

Jesus und Lazarus

Manche Leute denken, Jesus selber sei homosexuell gewesen, weil er weinte als sein

Freund Lazarus gestorben war und die Bibel davon berichtet, dass die Juden, die seine Tränen sahen, sagten, wie sehr er ihn geliebt habe (Johannes 11:36). Aber eine solche Auslegung ist natürlich Unfug. Sie zeugt von der Konfusion im Denken vieler heutzutage, die "Liebe" mit "Sex" verwechseln bzw. gleichsetzen.

Jesus und Johannes

Der Apostel Johannes wird dreimal als der "Jünger, den Jesus liebte" bezeichnet (Johannes 13:23, 21:7 und 21:20). Einige Gelehrte sagen, Johannes sei nur etwa 15 Jahre alt gewesen als er ein Jünger Jesu Christi wurde. Aber auch hier gilt wiederum, dass dies nicht ein Beweis dafür ist, dass Jesus homosexuell war, sondern vielmehr dafür, dass Liebe zu einer Person des eigenen Geschlechts heilig und rein sein kann und Gottes unbegreiflich guten Zielen dienen kann.

Paulus und seine Söhne im Glauben

Die Liste geht weiter mit dem Apostel Paulus und seinen vielen engen Beziehungen mit jüngeren Männern, von denen er viele als Söhne bezeichnet, obwohl sie nicht wirklich von natürlicher Geburt her seine Söhne waren. Vielmehr spricht er von ihnen als seinen "rechten Söhnen im Glauben",[30] zum Beispiel

Timotheus (1. Timotheus 1:2), Titus (Titus 1:4) und Onesimus (Philemon 10). Daraus zu schließen, dass Paulus mit diesen jungen Männern homosexuelle Beziehungen hatte, entbehrt jeder Grundlage. Aber ist es möglich, dass Paulus manchmal *versucht* war, seine Beziehungen mit diesen jungen Männern zu missbrauchen? Ich denke schon. Jedoch gelang es Paulus, wie er vielleicht sagen würde, mit "Furcht und Zittern", sich selbst zu verleugnen und diese jungen Männer auf gottverehrende Weise zu behandeln, die unermesslichen Segen sowohl für seine gläubigen Zeitgenossen als auch für die Gemeinde durch die Geschichte hindurch brachte. Was wäre passiert, wenn Paulus sich davor gefürchtet hätte, was andere wohl denken würden oder wenn er aus Furcht davor, diesen jungen Männern etwas Unangemessenes anzutun, lieber erst gar keine Beziehung mit ihnen angefangen hätte? Nicht nur hätte er sich selber und die betroffenen Männern um die Fülle des Lebens gebracht, von der Jesus in Johannes 10:10 spricht, sondern er hätte auch alle folgenden Generationen um den Segen gebracht, der aus diesen Beziehungen

---

[30] So die Luther Übersetzung von 1984; die Elberfelder Bibel übersetzt jeweils mit "echtem Kind"

resultierte (nämlich die betreffenden apostolischen Briefe)!

12 Singledasein und Ehe

Auch wenn Hollywood und die meisten anderen Medien uns glauben machen wollen, dass jedermann ein erfülltes Sexleben hat (oder zumindest haben *sollte*) ist die Realität jedoch, dass es viele Menschen gibt, die nie Sex haben. Sex ist fraglos Gottes Erfindung und offensichtlich der von ihm gegebene Weg, die Erde zu bevölkern (siehe 1. Mose 1:28), aber ich stelle die Meinung in Frage, dass jeder Mensch nach Gottes Absicht Sex haben sollte. Offensichtlich hatte Jesus niemals Sex und Paulus rät dazu, nicht zu heiraten (und somit keinen Sex zu haben), auch wenn er sagt, dass diejenigen, die heiraten, nicht sündigen (1. Korinther 7:28). Bemerkenswerter Weise sagt er jedoch auch, dass diejenigen, die *nicht* heiraten, besser handeln (1. Korinther 7:38). Ebenso ist es Wert, darauf hinzuweisen, dass es im Himmel keinen Sex geben wird, wie Jesus es auf eine Frage von ein paar Sadduzäern hin erklärte (Matthäus 22:30).

Könnte es also sein, dass nicht nur die säkularen Medien dem Thema Sex zu viel Beachtung schenken, sondern auch die Gemeinde – mit dem einzigen Unterschied, dass die eine Seite Sex mit wem auch immer anpreist, während die andere Seite Sex nur innerhalb einer Ehe zwischen einem Mann und einer Frau gutheißt? Die meisten Bücher, Dienste und Kleingruppen für Singles scheinen das Singledasein nur für eine vorübergehende Lösung zu halten, bis der oder die "Richtige" gefunden wird. Das wird jedoch der biblischen Ermutigung, nicht zu heiraten, nicht gerecht. Die Ex-Gay-Bewegung hat größtenteils in dieselbe Trompete geblasen und von daher fühlen sich viele Christen, die mit einer homosexuellen Neigung kämpfen, einem enormen Druck ausgesetzt, heterosexuell werden zu müssen. Wir müssen uns jedoch bewusst sein, dass das ultimative Ziel für jeden Christen, unabhängig von gegenwärtigen Gefühlen und Familienstand, ist, heilig zu sein. Wir sollen "hinschauen auf Jesus", sagt Hebräer 12:2, nicht darauf, zu heiraten...

Soweit mein Plädoyer für das Singledasein! Für Unverheiratete, die ständig mit ihrem Sexualtrieb zu kämpfen haben, mag es jedoch besser sein, zu heiraten. Die Schrift sagt jedenfalls ganz deutlich, dass es besser ist, zu heiraten, als vor Verlangen zu brennen (1. Korinther 7:9). Nun ist das eine recht einfache Lösung, wenn die Person des Verlangens dem anderen Geschlecht angehört. Das Eingehen eines Ehebündnisses ist in diesen Fällen der logische Ausweg. Aber sollte jemand, dessen Verlangen nach jemandem des eigenen Geschlechts ist, ein Ehebündnis mit jemandem des anderen Geschlechts eingehen, vielleicht in der Hoffnung, dass das "richtige" Verlangen mit der Hochzeitsnacht oder in der darauf folgenden Zeit schon kommen wird? Die Bibel gibt darauf keine klare Antwort, aber sie gibt uns in einigen Bereichen einen sehr persönlichen Maßstab, zu entscheiden, was für jemanden richtig oder falsch ist, indem sie sagt, dass, was immer wir *nicht* im Glauben tun, Sünde ist (Römer 14:23)! Und ich denke, dass dies eine dieser Fragen ist, in der jeder Betroffene für sich selber entscheiden muss, je nachdem, welches Glaubensmaß er zugeteilt bekommen hat. So lange der Partner sich der Situation bewusst ist, bin ich davon überzeugt, dass eine Ehe ein großer Segen sowohl für die beiden Ehepartner als auch für die Menschen um sie herum werden kann, mehr als wenn die mit gleichgeschlechtlicher Zuneigung kämpfende Person Single bleiben würde. Dies verlangt jedoch von beiden Partnern einen riesigen Glaubensschritt und auch das Aufgeben von den Hollywood-Klischees des Verheiratetseins.

Ich bin erst seit sehr kurzer Zeit verheiratet und deswegen weit davon entfernt, anderen Ehepaaren qualifizierten Rat zu geben. Ich weiß jedoch, dass meine Ehe nur dann funktionieren wird, wenn Jesus in allem ihr Mittelpunkt ist. Ich habe versucht, dies in meinem Ehegelöbnis meiner Frau gegenüber auszudrücken:

"Ich vertraue Gott, dass er unser Versprechen zueinander ehrt, und dass er es uns ermöglichen wird, so als Ehemann und Ehefrau zu leben, wie er sich das vorstellt, und dass er uns befähigen wird, uns allezeit zu lieben, einander zu dienen und zu ehren. Darauf vertrauend, dass er, entsprechend seiner Absicht, in mir alles Gute und Vollkommene bewirkt, werde ich mein Bestes tun, Dich so zu lieben wie Jesus die Gemeinde liebt und der beste Ehemann zu werden, den die Welt bisher gesehen hat!"

13 Ein sicheres Umfeld

Egal, ob du verheiratet bist oder nicht, es ist sehr wichtig, dass du ein gesundes, sicheres Umfeld hast. Gemeinschaft mit anderen Christen ist von existenzieller Bedeutung. Was auch immer passieren mag, bleibe immer mit anderen verbunden, auch wenn es das Letzte ist, was du in der Situation gerade tun möchtest. Wenn du dich von anderen abkapselst, wirst du sehr wahrscheinlich Gewohnheiten entwickeln, die später nur sehr schwer überwunden werden können. Finde eine gute Gemeinde. Du musst dir kein Schild um den Hals hängen und allen Leuten deine Schwierigkeiten mitteilen. Wie du vielleicht schon festgestellt hast, macht das niemand. Aber jeder hat Schwierigkeiten, und die große Mehrheit der Christen, selbst in den am heiligsten aussehenden Versammlungen, haben geheime Sünden, von denen nur einige wenige andere Personen wissen. Es hilft auf jeden Fall, wenigstens eine andere Person zu finden, der du absolut alles mitteilen kannst. Das muss nicht unbedingt der Pastor deiner Gemeinde sein. Es kann ein Ältester, ein Jugendleiter oder ein normales Mitglied der Gemeinde sein. Wichtiger als die Position oder

der Titel der Person ist, dass du ihr vertraust. Falls du verheiratet bist oder eine Beziehung hast, die das zum Ziel hat, ist dein Partner ein offensichtlicher Kandidat dafür, aber es gibt keinen Automatismus, kein Gesetz und keinen Bibelvers, wonach dies so sein müsste. Manchmal mag es weise sein, dem Partner nicht alles mitzuteilen, weil man dem Partner mehr Stress als nötig bereiten würde, aber es ist natürlich ein nobles Ziel, vollkomme Transparenz zu haben. Bitte den Herrn einfach um Weisheit, wem du wann und was mitteilen solltest, aber stell sicher, dass du irgendjemanden gegenüber Rechenschaft gibst. Wenn du Probleme mit Internetpornografie hast, überlege, einen Filter oder ein Programm zu installieren, das jemandem anderen darüber informiert, was du im Internet anschaust. Das hilft einigen Leuten, aber beide Methoden lassen sich von jemandem, der wirklich dazu entschlossen ist, seine Sucht zu nähren, relativ einfach umgehen. Ich empfehle dir, jemanden zu finden, der dir ab und zu harte Fragen stellen kann, während er direkt in deine Augen schaut – nicht über Skype!

Ein weiterer Aspekt eines gesunden Umfeldes ist es, normale Dinge mit normalen Leuten zu tun (vorzugsweise jedoch mit anderen Christen).

Geh wandern, spiel Tennis, schau dir ein Fußballspiel an oder geh mit jemanden zum Abendessen aus. Nutze jede Gelegenheit Gott in welcher Kapazität auch immer zu dienen – es ist erstaunlich, wie anderen zu dienen uns hilft, von uns selber wegzuschauen! Die Schrift sagt, dass diejenigen die anderen gedient haben sich viel Freimütigkeit im Glauben in Christus erwerben (siehe 1. Timotheus 3:13)! Soweit wie möglich, vermeide Nichtstun und Einsamkeit. Sei realistisch und bleibe offen für den Rat von Menschen um dich herum, von denen du weißt, dass sie für dich sind. Du magst es für eine gute Idee halten, alte Freunde zu evangelisieren, aber du unterschätzt dabei vielleicht die Gefahren, die das mit sich bringen könnte. Vor allem jedoch nimm dir Zeit, deine Beziehung zum Herrn zu pflegen. Verbringe Zeit mit ihm. Bete ihn an. Lies sein Wort. Ich weiß, das klingt ein bisschen so wie der etwas spöttisch zitierte Rat im Prolog dieses Buches. Aber neben all den Dingen, die in diesem Buch über Schwäche, Versuchung, unsere alte Natur, geistlichen Kampf und so weiter gesagt wurden, bleiben doch immer ganz praktische Dinge, die wir im Alltag tun müssen. Wenn du die Möglichkeit hast, besuche ein Treffen von einem spezialisierten Dienst, nimm an einer

Kleingruppe teil und mach Gebrauch von Seelsorgeangeboten. Falls dir dieses Buch geholfen hat, lade doch ein paar andere Leute ein und arbeite es zusammen mit ihnen durch. All dies kann hilfreich sein, aber gleichzeitig besteht immer die Gefahr, so zu sein, wie das sprichwörtliche Kaninchen, das auf die Schlange schaut und von Angst so gelähmt ist, dass es vergisst, wegzulaufen, obwohl es einfach davonhoppeln könnte...

"Alles hat seine Zeit", heißt es im Prediger und so brauchen wir ein gutes Urteilsvermögen, zu unterscheiden, wann es dran ist, nach innen zu schauen um einige Wartungsarbeiten am Herzen durchzuführen, und wann es dran ist, andere Dinge zu tun. Mach dir nicht zu viele Gedanken, der Herr wird es dir zeigen und er wird dich genau dahin bringen, wo er dich haben will, auch wenn es sich manchmal nicht so anfühlt!

Das Ziel aller Dinge

So, was ist das Ziel? Gemäß des Westminster Glaubensbekenntnisses,[31] ist es das Ziel aller Dinge, Gott zu verherrlichen und sich ewiglich an ihm zu erfreuen. Ich bin überzeugt, dass

---

[31] Das Westminster Glaubensbekenntnis der Kirche von England aus dem Jahr 1646.

gleichgeschlechtliche Zuneigung nicht etwas sein muss, dass jeden Tag wie eine große Last auf uns liegt, die uns unsere Freude und unser Leben stiehlt, sondern, dass es etwas sein kann, was uns aufrichtet und uns hilft, nahe bei ihm zu bleiben, dem Geber aller guten Dinge, und ein Segen für viele um uns herum werden kann, die sich nach der Liebe des Vaters sehnen. Ich glaube nicht, dass wir perfekt sein müssen, bevor wir anfangen, so zu leben, denn der Herr hat versprochen, in unserer Schwachheit stark zu sein! Wenn wir darauf warten müssten, perfekt zu sein, würden wir nie etwas schaffen!

Abhängig von Gnade

Letztendlich sind wir von der Gnade Gottes abhängig, um Versuchungen zu widerstehen (und für absolut alles andere ebenfalls). Nach Titus 2:12 ist es die Gnade Gottes, die uns lehrt "Nein" zu aller Gottlosigkeit zu sagen. Ich bete fast jeden Tag dafür, dass der Herr die Furcht Gottes in mir vergrößert, die Sprüche 8:13 als "hassen des Bösen" definiert. Menschen auf reine und heilige Weise zu lieben, ist nur möglich, wenn er uns dazu befähigt. Aber mit ihm ist *alles* möglich:

> "Alles vermag ich in dem, der mich kräftigt."
> Philipper 4:13

14 Ermutigende Worte zum Schluss

Ich bin zu dem Schluss gekommen, dass gleichgeschlechtliche Zuneigung ein Teil dessen ist, wie Gott mich geschaffen hat. Ich habe akzeptiert, dass ich vielleicht immer für homosexuelle Versuchungen anfällig bleiben werde, so wie "normale" Leute trotz aller positiven Effekte von Seelsorge und innerer Heilung weiterhin für heterosexuelle Versuchungen anfällig bleiben werden. Ich habe in diesem Buch versucht, zu beschreiben, wie gleichgeschlechtliche Zuneigung zur Ehre Gottes benutzt werden kann. Die Hoffnung in diesem Prozess liegt dabei nicht darauf, unsere alte Natur zu verändern, sondern sie zu verleugnen und stattdessen durch die Kraft des Heiligen Geistes geführt zu werden. Auf diese Weise kann Gott in unserer Schwäche stark sein.

An meine Mitstreiter

Lasst uns unseren Herrn nicht verleugnen! Lasst uns ihn in unserer Schwäche ehren. Selbst, wenn wir "so geboren" wären, würde es nichts wirklich verändern. Paulus ermutigte Sklaven dazu, ihre Freiheit zu suchen, falls sie die Möglichkeit dafür hätten, aber ansonsten sollten sie ihren Herren weiterhin treu dienen. Ebenso sollten wir alles versuchen, von allen negativen Aspekten von gleichgeschlechtlicher Zuneigung frei zu werden. Falls wir jedoch weiterhin kämpfen müssen, lasst uns unserem Herrn treu dienen während wir kämpfen. Das wäre besser, als uns von dem abzuwenden, der für unsere Sünden starb und der sich nicht schämt, uns seine Brüder zu nennen (siehe Hebräer 2:11)!

Lasset uns ihn ehren, indem wir seinem Wort zustimmen, auch wenn die ganze Welt etwas anderes sagt: Praktizierte Homosexualität ist Sünde! Lasst uns um Gnade bitten, dass er uns die Kraft gibt, uns das zu verleugnen, wonach unsere alte Natur lechzt. Denke daran: Es ist nicht Sünde, versucht zu sein! Keine Versuchung hat uns ergriffen als nur eine menschliche und der Herr hat einen Ausweg, immer. Lasst uns danach suchen und diesen Ausweg nehmen. Falls wir fallen sollten, lasst uns wieder aufstehen. "Denn siebenmal fällt der Gerechte und steht doch wieder auf" (Sprüche 24:16).

Lasst uns unsere Sünde schnell bekennen und geschwind, demütig und dankbar seine Vergebung akzeptieren. Lasst uns ebenso geschwind uns selber vergeben! Lasst uns diejenigen um Vergebung bitten, die wir durch unser falsches Verhalten verletzt oder negativ beeinflusst haben. Und lasst uns denjenigen vergeben, die uns nicht vergeben können oder wollen.

Um es deutlich zu machen: Unser Kampf ist nicht schwerer als die Kämpfe, die jeder andere Bruder und jede andere Schwester ausstehen muss. Lasst uns also gnädig gegenüber denjenigen sein, die andere Kämpfe haben, genauso wie wir von ihnen erwarten, uns mit Barmherzigkeit und Gnade zu begegnen.

Lasst uns danach trachten, unsere legitimen Bedürfnisse auf gesunde, heilige Weise zu erfüllen, nicht dadurch, dass wir andere dazu zwingen, mehr zu geben oder zu nehmen als sie bereit sind zu geben bzw. zu akzeptieren. Wir werden solche Menschen, wie wir sie brauchen, nicht in irgendwelchen Bars oder an Straßenecken finden, sondern unter Gottes Volk. Er hat uns so weit gebracht, und er hat andere dazu vorbereitet, an unserer Seite mit uns zu gehen.

Wie jeder auf diesem Planeten, möchten wir geliebt werden und wir möchten andere lieben. Lasst uns nicht mit billigen Imitationen von Intimität zufrieden sein, wie so viele, die denken, dass Sex und Intimität ein und dasselbe seien und auf ihrer Suche nach Intimität und echter Liebe aufgegeben haben, nach mehr zu suchen als Sex. Sowohl Homosexuelle als auch zahllose Heterosexuelle, inklusive treu verheirateter Christen, tappen in diese Falle. Ich bin jedoch davon überzeugt, dass ein Leben ohne Sex möglich ist, aber ein Leben ohne Intimität ist in der Tat ein vergeudetes, unerfülltes und bedauernswertes Leben. Intimität zu allererst mit unserem Vater im Himmel und mit seinem Sohn, Jesus Christus, denn das ist wirklich was ewiges Leben ist: Den Vater zu kennen und den, den er gesandt hat (Johannes 17:3). Und von dort werden wir echte Gemeinschaft mit anderen Menschen finden, die im Licht wandeln so wie 1. Johannes 1:7 es verspricht. Bitte um Hilfe, solange du noch merkst, dass das, was du tust, falsch ist. Es erfordert Demut, ich weiß; aber es ist besser als später gedemütigt zu werden.

Und denke immer daran:

- Du bist nicht alleine!
- Gott kennt, liebt und versteht dich!
- Gott sieht dich als einen mutigen Krieger![32]
- Du *kannst* Gott verherrlichen!

---

[32] Gott sah Gideon als einen mutigen Krieger an bevor er auch nur irgendetwas für den Herrn getan hatte (siehe Richter 6:12).

An Verwandte, Pastoren und Freunde

Bitte behandelt uns wie normale Menschen! Wir möchten nicht als "schwul" bezeichnet werden und ebenso sind wir nicht "keine richtigen Männer." Wir haben keine ansteckende Krankheit, noch sind wir alle Pädophile oder Perverse. Wir sind normale Menschen, die geliebt werden möchten, und wir benötigen es, dass uns die Gelegenheit gegeben wird, andere in einem gesunden, sicheren Umfeld zu lieben und ihnen zu dienen. Ich weiß, dass es schwer für heterosexuelle Christen ist, die inneren Kämpfe von Menschen mit homosexueller Neigung nachzuvollziehen, aber wir kämpfen wahrscheinlich nicht mehr und nicht weniger mit fleischlicher Begierde als es normale Christen tun. Bitte versucht deswegen, uns als Brüder und Schwestern zu akzeptieren, die auf die Unterstützung anderer Gläubiger genauso angewiesen sind wie ihr. Fragt uns, wie es uns geht, und gebt euch nicht mit einem "Danke, prima" zufrieden. Anstatt die Singles unter uns zu fragen, warum sie noch nicht verheiratet sind, fragt sie, ob es irgendetwas gibt, das ihr tun könnt, um ihnen in ihrem Singledasein zu helfen. Einige mögen euch daraufhin Antworten, "Na klar. Bitte bete, dass der Herr mir einen tollen, verständnisvollen Partner gibt, der mich mit meiner Schwäche liebt und der es sogar eine Leichtigkeit werden ließe, damit zu leben!" Aber bitte vermutet nicht einfach, dass jeder Single heiraten möchte, um dann dementsprechende Gebetsketten zu starten. Erinnerst du dich? "Es ist gut für einen Mann nicht zu heiraten..." ☺ Und bitte ermutigt diejenigen von uns, die verheiratet sind, dass wir trotz unserer Schwäche dazu in der Lage sind, unsere Frauen so zu lieben wie Jesus die Gemeinde liebt!

Bitte betet dafür, dass der Name des Herrn von denjenigen, die kämpfen, geehrt wird. Viele, die mit gleichgeschlechtlicher Zuneigung kämpfen, sind von Scham, Schuldgefühlen und Verdammnis gefangen und wagen es nicht einmal, daran zu denken, dass ihr Leben Gott verehren könnte. Ich glaube nicht, dass der Kampf so heftig wäre, wenn es nicht ein unglaubliches Potential dafür geben würde, den Herrn zu verherrlichen. Denn darum geht es Gott: Seine Verherrlichung! Und das ist es, was der Feind so brutal bekämpft...

ANHANG

1 Studienanleitung

Die folgenden Fragen sind dafür gedacht, dir dabei zu helfen, über deinen eigenen Weg nachzudenken, wunde Punkte zu entdecken und Wege für dich zu finden, voranzugehen. Einige Fragen sind recht aufdringlich und du wärst wahrscheinlich beleidigt, wenn dich jemand, der dich gar nicht kennt, solche persönlichen Dinge fragen würde. Stell dir einfach vor, dass sie von jemanden gefragt werden, der dich sehr liebt und dem du völlig vertrauen kannst – dem Herrn Jesus selber. Und der fragt uns nie, um Informationen von uns zu bekommen (er weiß sowieso schon alles), sondern damit *wir* uns Dingen bewusst werden. Bitte denke über die Fragen betend nach, selbst wenn die Antwort offensichtlich erscheint. Je ehrlicher du mit dir selber bist, umso mehr wirst du davon profitieren. Die Fragen können auch als eine Anregung für eine Gruppendiskussion dienen oder in einem persönlichen Gespräch mit einem Freund, einem Mentor oder jemandem, den du mentorst, benutzt werden (fühl dich dabei bitte frei, Fragen zu überspringen, über die du lieber nicht reden möchtest).

Die Fragen sind den verschiedenen Kapiteln des Buches zugeordnet, so dass du die entsprechenden

Fragen nach jedem gelesenen Kapitel beantworten könntest, aber einige Leser mögen es vorziehen, erst das gesamte Buch zu lesen, um sich erst dann die Fragen anzuschauen. Was immer du tust, ich hoffe, dass es dir auf deinem Weg hilfreich ist. Möge der Herr dich reich segnen, während du danach strebst, dein Leben für ihn zu leben!

Teil 1, Kapitel 1

- Kannst du dich an Dinge in deiner Kindheit erinnern, die dich unsicher gemacht haben? Was sind das für Dinge? Was glaubst du, wie sie dich noch heute beeinflussen?

- Was findest du an anderen Menschen attraktiv?

- Wie versuchst du, deine emotionalen Bedürfnisse zu erfüllen? Würdest du sagen, dass sie auf gesunde Weise erfüllt werden? Falls nicht, gibt es etwas, was du tun kannst, um das zu verändern?

- Gibt es irgendwelche Dinge in deinem Leben, von denen niemand etwas wissen darf? Warum? Was denkst du, was Gott möchte, wie du damit umgehen solltest?

Teil 1, Kapitel 2

- Ich erwähnte, dass ich dachte, mein Freund habe sich zu einer anderen Einheit beworben, weil ich seiner Freundschaft nicht wert gewesen sei (Seite 27). Das war natürlich nicht wahr, aber es fühlte sich wahr an. Was denkst du über das Zusammenspiel von Gefühlen und Wahrheit? Wie kannst du herausfinden, warum jemand etwas getan hat, das dich negativ beeinflusst hat?

- In deinem eigenen Leben: Kannst du Lügen identifizieren, die du dir zu eigen gemacht hast? Wie beeinflusst dich das heute? Was glaubst du, wie diese Lügen in deinem Leben einziehen konnten? Was kannst du heute damit tun? Fallen dir bestimmte Bibelverse ein, die sich mit dem speziellen Punkt befassen und mit denen du diesen Lügen etwas entgegnen könntest?

- Was denkst du, würde passieren, wenn andere über deine innersten Kämpfe wüssten? Was wäre das schlechteste Szenario, was das Beste? Denkst du, es wäre das Risiko wert?

- Mit wem redest du über deine persönlichen Probleme? Falls du noch nie jemandem etwas von deinen inneren Kämpfen erzählt hast, was hält dich davon ab? Fällt dir jemand ein, dem du vertrauen kannst?

- Wenn du ein Vater oder eine Mutter wärst, würdest du wollen, dass dein Sohn oder deine Tochter dir von seiner/ihrer homosexuellen Neigung erzählt? Wie würdest du darauf reagieren?

Teil 1, Kapitel 3

- Hast du jemals nach Gott gesucht und hast ihn persönlich erfahren? Denkst du, dass es möglich ist, Gott wirklich zu kennen? Warum denkst du so?

- Was hältst du für das größte Hindernis, eine bessere Beziehung zu Gott zu haben? Was kannst du an der Situation verändern?

Teil 1, Kapitel 4

- "Finis origine depende", so ein altes lateinisches Zitat: "Das Ende hängt vom Anfang ab." Hast du dein Leben der Herrschaft Jesu übergeben? Warum oder warum nicht?

- Wie wichtig ist Jesus für dich? Behandelst du ihn wie einen gewöhnlichen Besucher oder ist er Herr deines Lebens? Was denkst du, wie sich das in deinem Leben widerspiegelt?

Teil 1, Kapitel 5

- Was denkst du über die "Gabe der Zuneigung?" Hast du gleichgeschlechtliche Zuneigung schon einmal so betrachtet? Wie verändert diese Perspektive deine Einstellung?

- Ich erwähnte, dass ich meine Pläne, in den vollzeitlichen Dienst zu gehen, meiner Gemeindeleitung unterstellt habe (d.h. von ihnen abhängig gemacht habe). Bist du verbindlich in einer Gemeinde? Warum oder warum nicht?

- Was spricht dafür, deine Pläne anderen zu unterstellen, was dagegen?

- Denkst du, es ist wichtig, dass deine Leiter oder dein Arbeitgeber über deine inneren Kämpfe Bescheid wissen? Warum?

- Denkst du, dass dein Umfeld (Familie, Schule, Freunde, bei deiner Arbeitsstelle, deine Gemeinde) gesunde Beziehungen fördert? Gibt es Dinge, die du tun kannst, um die Situation zu verbessern?

Teil 1, Kapitel 6

- Bist du schon einmal ermahnt worden, nachdem du etwas falsch gemacht hast? Wie hast du dich dabei gefühlt?

- Siehst du einen Unterschied zwischen Bestrafung und Ermahnung? Erläutere! (Vergleiche Hebräer 12:7-11 mit 1. Moses 18:19)

- Glaubst du, dass Gott mit dir böse ist? Denkst du, dass er dich bestraft oder dir Probleme gibt, weil du eine homosexuelle Neigung hast? (Siehe Psalm 103:8-13)

Teil 1, Kapitel 7

- Was begeistert dich? Was meinst du, denkt Gott darüber?

- Fallen dir andere Dinge ein, vielleicht etwas aufbauendes, wie du deine Zeit und Energie einsetzen kannst? Welche Hindernisse gibt es, diese Ideen in die Tat umzusetzen?

Teil 1, Kapitel 8

- Hattest du schon einmal ein "perfektes Sturm Szenario" in deinem Leben? Welche Faktoren kannst du identifizieren, die zu diesem "perfekten Sturm" beigetragen haben? Wie hast du in dieser Krise reagiert? Was hast du durch diese Erfahrung gelernt?

- Wie reagierst du auf emotionalen Stress? Fallen dir Sicherheitsmaßnahmen ein, die dir helfen könnten, auf gesündere Weise zu reagieren?

Zwischenteil

- Rückblickend auf eine problematische Situation in deinem Leben, warst du dir während der Krise allen Faktoren bewusst, die zu dieser Krise beigetragen hatten? Falls nicht, was hat dir geholfen, ihrer später bewusst zu werden?

- Warst du schon einmal kurz davor, komplett aufzugeben? Was war passiert und was hat dir geholfen, weiterzugehen?

- Welche Dinge bereiten dir zurzeit Stress? Sind sie unvermeidlich oder hältst du es für möglich, entweder die Umstände oder deine Einstellung zu ihnen zu verändern?

- Kennst du andere Personen, die sich in einer ähnlichen Situation befinden wie du, die aber scheinbar besser damit umgehen können als du? Was meinst du, macht den Unterschied aus?

Teil 2, Kapitel 1

- Mit deinen eigenen Worten, wie würdest du den Unterschied zwischen "gleichgeschlechtlicher Zuneigung" und "homosexueller Begierde" erklären?"

- Denkst du, es ist "besser", mit heterosexuellen Gefühlen zu kämpfen als mit homosexuellen? Warum?

Teil 2, Kapitel 2

- Hast du Zugang zu persönlicher Seelsorge (z.B. von einer nahegelegenen Gemeinde, einem spezialisierten Dienst oder einem professionellen Seelsorger)? Denkst du, es ist möglich, sie um Rat zu fragen?

- Warst du schon einmal in der Seelsorge? War es hilfreich? Wie hat es dir geholfen, oder warum nicht?

Teil 2, Kapitel 3

- Was bedeutet die Bibel für dich? Bist du bereit, ihre Maßstäbe für dein persönliches Leben zu akzeptieren? Warum oder warum nicht?

- Die meisten Leute versuchen, ihr eigenes Verhalten unter allen Umständen zu rechtfertigen, und behaupten, sie hätten ein "Recht", auf eine gewisse Weise zu handeln. Versuchst du *dein* Verhalten zu rechtfertigen obwohl du weißt, dass es entgegen der Schrift ist? Wie rechtfertigst du es und warum? Was denkst du, werden die Konsequenzen sein?

Teil 2, Kapitel 4

- Was denkst du über die Aussage, dass Jesus homosexuelle Versuchungen hatte? Welche Auswirkungen hat das für dich?

- Mit deinen eigenen Worten, beschreibe den Unterschied zwischen Versuchung und Sünde. Warum ist es wichtig, zwischen den beiden zu unterscheiden?

- Stimmst du der Aussage zu, Gott möchte, dass wir versucht werden? Warum oder warum nicht?

- Denke an Momente, in denen du einer Versuchung widerstanden hast. Wie hast du dich danach gefühlt? Wie fühlst du dich, nachdem du einer Versuchung nachgegeben hast?

- Wie entscheidest du, ob es dran ist von einer Versuchung wegzulaufen oder sie auszustehen? Denke praktisch: Manchmal mag es eine gute Idee sein, das Kino zu verlassen statt einen fragwürdigen Film zu Ende anzuschauen...

Teil 2, Kapitel 5

- Kennst du einen Christen, der mit gleichgeschlechtlicher Zuneigung kämpft? Denkst du, es wäre hilfreich, wenn du mit dieser Person reden könntest? Was würdest du fragen wollen? (Du kannst auch mir gerne eine E-Mail schicken, an temptedbutholy@gmail.com)

Teil 2, Kapitel 6

- Gibt es Dinge, die du tust, die deine alte Natur "füttern" statt sie zu töten? Was kannst du stattdessen tun, um das Wirken des Heiligen Geistes zu unterstützen?

Teil 2, Kapitel 7

- Hast du schon einmal Situationen erlebt, in denen du dachtest, *du* seist das Problem, um später herauszufinden, dass es sich um einen geistlichen Angriff handelte? Wie ist dir das bewusst geworden und was hast du davon gelernt?

- Hältst du es für möglich, dass manche Situationen, in denen du dachtest, irgendetwas sei falsch mit dir, in Wirklichkeit geistliche Angriffe waren? Wie und warum?

Teil 2, Kapitel 8

- Gab es Situationen in deinem Leben, in denen Gott möglicherweise die Umstände arrangiert hat, um dich von Sünde zu überführen oder anderen deine Sünde zu offenbaren?
- Hast du jemals gedacht, du kämest mit deiner Sünde davon, aber letztlich fand sie doch jemand heraus? Wie war das? Was hast du daraus gelernt?
- Was ist deiner Meinung nach besser: Jemandem deine Sünden zu bekennen, bevor jemand anders sie herausfindet, oder zu warten bis dich jemand anspricht und mit ihr konfrontiert? Was ist der Unterschied?

Teil 2, Kapitel 9

- Was hältst du für deine größte Schwäche? Kannst du dir Wege vorstellen, in denen Gott seine Stärke in dieser Schwachheit offenbaren möchte?
- Hast du Gott jemals dafür gedankt, dass er dich so erschaffen hat, wie du bist? Tu es doch jetzt! (Lies Psalm 139 als Inspiration)

Teil 2, Kapitel 10

- Was denkst du, wie er *deine* Schwäche zum Guten gebrauchen möchte?

Teil 2, Kapitel 11

- Was würdest du jemandem sagen, der behauptet, die Bibel unterstütze Homosexualität?
- Was bedeutet es für dich, Menschen zu lieben? Wie drückst du deine Liebe anderen gegenüber aus, und was bewirkt, dass du dich geliebt fühlst?

Teil 2, Kapitel 12

- Denkst du, dass Menschen die mit gleichgeschlechtlicher Zuneigung kämpfen heiraten sollten? Warum oder warum nicht?
- Welche Ängste hast du gegebenenfalls davor, zu heiraten?
- Kannst du dir vorstellen, dein ganzes Leben enthaltsam zu leben? Warum oder warum nicht?

Teil 2, Kapitel 13

- Würdest du dein gegenwärtiges Umfeld als "gesund" bezeichnen? Welche praktischen Wege gibt es, die du tun kannst, um die Situation zu verbessern?

Teil 2, Kapitel 14

- Was denkst du über den Rat, gleichgeschlechtliche Zuneigung als eine Schwäche zu akzeptieren, und über die Erwartung, für immer für Versuchungen dieser Art anfällig zu bleiben? Wie war deine erste gefühlsmäßige Reaktion auf diesen Gedanken, und was denkst du jetzt, nachdem du etwas darüber hast nachdenken können?

- Wie reagiert deine Gemeinde auf Menschen, die mit gleichgeschlechtlicher Zuneigung kämpfen? Gibt es etwas, das du tun kannst, damit sich Menschen, die mit gleichgeschlechtlicher Zuneigung kämpfen, in deiner Gemeinde willkommen und akzeptiert fühlen?

2 Gebete und Deklarationen

Die folgenden Gebete und Deklarationen sind Vorschläge, keine magischen Formeln. Sie sind als Beispiel gedacht und du kannst sie dementsprechend an deine persönliche Situation anpassen. Während wir uns mit Gebet direkt an Gott wenden und dieses auch still tun können, ist eine Deklaration eine laute Proklamation, also eine nachhaltige, verbale Erklärung von geistlichen Wahrheiten, die wir den unsichtbaren Mächten der Finsternis entgegenstellen können. "Tod und Leben sind in der Gewalt der Zunge", sagt Sprüche 18:21. Ich empfehle daher, vor allem das "Bekenntnis für Überwinder" und "Dem Feind entsagen" laut auszusprechen. Das kannst du alleine oder gemeinsam mit einigen anderen Leuten tun.

Suche nach Gott

"Gott, ich weiß noch nicht einmal, ob es dich überhaupt gibt. Wenn es dich gibt, würde ich dich gerne kennenlernen. Bitte offenbare dich mir gegenüber so, dass ich es verstehe, und gib mir den Mut, mein Leben nach deinem Willen zu verändern. Ich danke dir dafür!"

Lebensübergabe

"Herr Jesus, ich danke dir dafür, dass du für meine Sünden am Kreuz gestorben bist. Ich weiß, dass ich ein Sünder bin, und bin mir bewusst, dass meine Sünden mich von Gott dem Vater trennen. Ich glaube deinem Wort, dass du der einzige Weg zum Vater bist, und bitte dich deswegen, jetzt in mein Leben zu kommen und auf jedem Gebiet die Führung meines Lebens zu übernehmen. Ich gebe dir alles, was ich bin und was ich habe: Meine Zeit, meine Talente, mein Geld, meine Familie, meine Sexualität, meine Hobbies, alle meine Beziehungen. Bitte vergib mir, dass ich dir bisher in meinem Leben nur so wenig Raum gegeben habe. Reinige mich und fülle mich mit deinem Heiligen Geist, damit ich von nun an ein Leben führen kann, das viel Frucht bringt und den Vater verherrlicht. Vielen, vielen Dank!"

Völlige Auslieferung an den Willen Gottes

"Jesus Christus, seit langer Zeit nenne ich dich meinen Herrn, aber ich habe erkannt, dass es Bereiche in meinem Leben gibt, die ich dir vorenthalten habe, weil ich weiterhin die Kontrolle über sie ausüben wollte. Bitte vergib mir. Ich vertraue dir und gebe dir deswegen volle Kontrolle über .... (nenne den Bereich). Ich möchte, dass jeder Teil meines Lebens den Vater ehrt. Bitte zeige mir, wenn es andere Dinge in meinem Leben gibt, die ich dir noch nicht unterstellt habe. Danke!"

Bekenntnis für Überwinder von Derek Prince[33]

"Mein Körper ist ein Tempel für den Heiligen Geist, errettet, gereinigt und geheiligt durch das Blut Jesu. Alle meine Körperteile sind Werkzeuge der Gerechtigkeit, Gott ergeben zu seinem Dienst und zu seiner Ehre. Der Teufel hat keinen Platz in mir, keine Macht über mich und keine uneingelösten Forderungen gegen mich. Alles hat sich durch das Blut Jesu erledigt. Ich überwinde den Teufel durch das Wort meines Zeugnisses und ich liebe mein Leben nicht bis zum Tod. Mein Körper ist für den Herrn da, und der Herr für meinen Körper."

---

[33] Basierend auf 1. Korinther 6:19, Epheser 1:7, Psalm 107:2, 1. Johannes 1:7, Hebräer 13:12, Römer 6:13, Römer 8:33-34, Offenbarung 12:11, 1. Korinther 6:13

Dem Feind entsagen[34]

"Ich bin ein Sohn / eine Tochter des allmächtigen Gottes. Im Namen Jesu Christi gebiete ich allen unreinen Geistern mich jetzt zu verlassen. Ich habe euch einst das Recht gegeben in mein Leben zu kommen, aber diese Erlaubnis gebe ich euch nicht mehr. Ich widerstehe euch im Namen Jesu und ihr *müsst* vor mir fliehen! Ich nehme alle meine Gedanken gefangen unter den Gehorsam Jesu Christi. Ich stimme mit dem Wort Gottes überein und entsage allen schamvollen Wegen und unterstelle mich Gott in vollkommenem Gehorsam."

---

[34] Basierend auf Johannes 1:12, Jakobus 4:7, Epheser 4:27, 2. Korinther 10:5, 2. Korinther 4:2

3 Quellen zum weiteren Studium

Die folgenden Bücher und Webseiten stimmen nicht unbedingt mit allen meinen Ansichten überein, sind aber dennoch sehr hilfreich, um sowohl das Thema der gleichgeschlechtlichen Zuneigung, als auch die geistlichen und emotionalen Aspekte in der Auseinandersetzung mit Sünde generell zu verstehen. Leider sind einige Bücher und Artikel bisher nicht in deutscher Sprache erschienen. Ich habe sie aber trotzdem hier aufgeführt, um zumindest denen mit ausreichenden Englischkenntnissen eine größere Auswahl zugänglich zu machen.

Brown, Michael L. *Can You Be Gay And Christian? – Responding With Love & Truth to Questions About Homosexuality*. FrontLine Charisma House 2014.

Chapman, Gary. *Die fünf Sprachen der Liebe für Teenager*. Francke-Buchhandlung 2008.

Comiskey, Andrew. *Pursuing Sexual Wholeness – How Jesus Heals The Homosexual*. Creation House 1989.

Davies, Bob & Lori Rentzel. *Coming Out Of Homosexuality – New Freedom For Men & Women.* InterVarsity Press 1993.

Eldredge, John: *Der ungezähmte Mann – Auf dem Weg zu einer neuen Männlichkeit.* Brunnen 2014.

Nee, Watchman: *Der geistliche Christ. Gesamtausgabe.* Ökumenischer Verlag 2013.

Nee, Watchman: *Das normale Christenleben.* Der Strom 1995.

Piper, John: *Von der Pflicht zur Freude.* Christliche Literaturverbreitung 2006.

Prince, Derek: *Ehemänner und Väter.* Internationaler Bibellehrdienst 2000.

Prince, Derek: *Serie Nachfolge Konkret: Standfest im geistlichen Kampf.* Internationaler Bibellehrdienst 2005.

Sherman, Dean: *Beziehungen - Der Schlüssel zu Liebe, Sex und allem anderen.* YWAM Publishing 2007.

Warren, Rick: *Leben Mit Vision.* Gerth Medien 2014.

Piper, John: *Same-sex Attraction and the Inevitability of Change*.
www.desiringgod.org/blog/posts/same-sex-attraction-and-the-inevitability-of-change

Roen, Nick: *An Alternative Script for Same-Sex Attraction*.
www.desiringgod.org/blog/posts/an-alternative-script-for-same-sex-attraction

SameSexAttraction.org
www.samesexattraction.org

Seat Of Mercy Ministries
www.seatofmercy.org

Meine eigene persönliche Webseite ist
http://toby5210.blogspot.com

Wenn Du Fragen, Kommentare, Anmerkungen oder Ermutigung an den Autoren hast, kannst Du eine E-mail an **temptedbutholy@gmail.com** senden.

Printed in Poland
by Amazon Fulfillment
Poland Sp. z o.o., Wrocław